Die Tuffsteinstädte
im Fioratal

**Sovana • Sorano • Pitigliano • Saturnia
Montemerano • Manciano • Castell'Azzara**

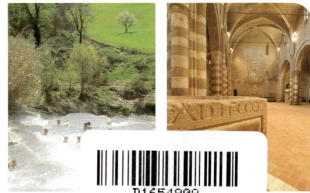

Die etruskischen und mittelalterlichen
Orte im Hügelland der Maremma

Die Tuffsteinstädte

Jahr 2005
Alle Rechte der künstlerischen und literarischen Gestaltung vorbehalten

© Editrice LAURUM
Via Brodolini, Trav. A, 27
58017 Pitigliano (Gr)
www.editricelaurum.it
info@editricelaurum.it

Erste Herausgabe: März 2005
Zweite Herausgabe: Februar 2007

Autor
Giovanni Feo

Fotografien
Andrea De Maria, Tommaso Francardi, Giulio Santinami, Margherita Innocenti.

Deutsche Übersetzung überarbeitet und nachgesehen
Carl-Magnus Merck

VORWORT

Die Maremma, sowohl an der Küste als in den Hügeln, ist ein Grenzland. Sie war es in den verschiedenen Epochen. Hier verlief die Grenze zwischen den beiden letzten etruskischen Hochburgen (Volsini und Vulci), bis hier rückten die römischen Legionen vor. Hier befand sich auch die Grenze zwischen dem byzantinischen und dem langobardischen Staat; und hier verlief schließlich die Grenze zwischen dem Vatikanstaat und dem Großherzogtum Toskana.
Heute befindet sich auf diesem Gebiet die Grenze zwischen den Regionen Toskana und Latium.
Es war unvermeidlich, dass alle diese Grenzen das Gebiet zu einem Schmelztiegel für verschiedene Völkerschaften machten, die sich oft im Krieg um die Herrschaft über das Land und die Kontrolle über das Grenzgebiet befanden. Aus diesen Gründen wurden im Hügelland der Maremma Burgen, Schlösser und Grenztürme errichtet, wo immer es möglich war, und schon zur Zeit der Etrusker gab es stattliche tyrrhenische Zwingburgen auf steilen, uneinnehmbaren Tuffsteinfelsen.
Aber das wichtigste Merkmal dieses Gebietes ist zweifellos sein besonderes, natürliches Habitat, das man sofort erkennt, sobald man Manciano und damit das mittlere Fioratal erreicht, über die Berge des Vorapennin (Monte Elmo) oder die Volsini-Berge (Bolsena) in das Hügelland kommt. Die Landschaft, die aus grünen Hügeln und Ebenen zu bestehen scheint, ist in Wirklichkeit völlig ungewöhnlich.
Wenn man nämlich die Landschaft durchfährt, bemerkt man eine kontinuierliche Folge von scheinbaren Ebenen, die, wenn man genauer hinschaut, sich als schmale, lange Plateaus entpuppen, unterhalb derer vulkanische Schluchten von durchschnittlich hundert Meter Tiefe verlaufen.
Das Hügelland der Maremma liegt an der Nordwestseite des Bolsenasees, der in der Prähistorie ein aktiver Vulkan war und dessen heftige Ausbrüche das gesamte Gebiet mit Asche und Lava bedeckten und somit der Landschaft dieses einzigartige Aussehen verliehen, das, wild und steinig, unzugänglich wegen seiner Schluchten und unvermittelten Abbrüche, zum Rückzugsort vieler vom Aussterben bedrohter Tierarten geworden ist (Stachelschweine, Reiher, Mäusebussarde, Dachse etc.), wie auch zahlreicher seltener Pflanzenarten, die nur hier das spezielle Mikroklima finden, das sie für ihren Fortbestand benötigen (seltene Pilze, Orchideen, Farne, Flechten und Kräuter).
Die Tatsache, dass dieses Gebiet weit von den großen National-Straßen entfernt ist, hat ihr übriges dazu getan, die Landschaft in ihrer ursprünglichen Gestalt zu isolieren und damit zu erhalten.
Der unzugängliche Charakter der Landschaft, die von schmalen Fels-Plateaus zu tiefen Schluchten wechselt, hat nur eine begrenzte Entwicklung der örtlichen Landwirtschaft zugelassen, die auf Wein- und Olivenanbau spezialisiert ist und damit die Erhaltung von üppigen, großen Schlagholzwäldern und Mittelmeer-Macchia möglich macht.

Die Tuffsteinstädte

Zwischen den tiefen Schluchten und felsigen Hügeln, immer noch in ihrem antiken Erscheinungsbild, ragen die etruskischen und mittelalterlichen Zentren von Pitigliano, Sorano und Sovana, auf hohen Felsplateaus aus gelblichem Tuffstein gelegen, mit ihren unzähligen etruskischen Grüften, Kolumbarien und Weinkellern des Mittelalters.

Auf der anderen Seite der Fiora liegt in einem anmutigen Tal mit weißen Travertin Saturnia, eine der ältesten Ansiedlungen der italischen Geschichte.

Erst in den letzten Jahren begann man diesen beachtlichen Reichtum an Sehenswürdigkeiten und Naturschönheiten wieder zu entdecken und zu schätzen.

Gleichzeitig hat die Umsetzung eines ehrgeizigen und komplexen Projekts begonnen, das aus diesem Gebiet einen der wichtigsten archäologischen Naturparks Mittelitaliens machen will. Und aus dieser besonderen Mischung von Antike und Natur bezieht dieser Teil der Maremma seine Identität, die verwoben ist mit Traditionen, Legenden, Erzählungen und verschwundener Geschichte, wie es sich für dieses Land gehört, das noch immer die sichtbaren Spuren all der verschiedenen Zivilisationen trägt, die die Halbinsel seit der mythischen Zeit ihres Ursprungs prägten.

SOVANA

Die Zeit der Antike

Das Gebiet von Sovana weist die gleichen typischen Merkmale auf wie die anderen größeren Orte auf den Hügeln.
Die ersten sporadischen Anzeichen von Wohnsiedlungen finden sich von der Jungsteinzeit bis zur Bronzezeit.
Gegen Ende der Bronzezeit (ca. 1000 v. Chr.) entwickelten sich die ersten stabilen und anwachsenden Siedlungen.
Die archäologischen Ausgrabungen haben bewiesen, dass schon zu dieser Zeit in Sovana eine Ansiedlung existierte, die ähnliche Merkmale aufweist wie die analogen Siedlungen, die in Poggio Buco und San Giovenale (im oberen Latium) gefunden worden sind.
Mit Beginn der Eisenzeit wurden diese Zentren plötzlich verlassen, um erst wieder gegen Ende der Villanovazeit (IX.-VIII. Jhdt. v. Chr.), gleichzeitig mit dem Erscheinen etruskischer Niederlassungen, wieder besiedelt zu werden.
Auf dem Plateau unterhalb der Kathedrale von Sovana kam bei Ausgrabungsarbeiten eine frühgeschichtliche Ansiedlung zum Vorschein, die aus großen, elliptisch geformten Wohnstätten bestand, die an den Gruben und Stützpfählen zu erkennen sind.
Das etruskische Suana (oder

Vorige Seite: Tomba Ildebranda, Detail

Seite gegenüber: Hohlweg S. Sebastiano

Burg der Aldobrandeschi

Archivpalast

Christus erreicht; auch während der Zeit der Romanisierung hielt seine Blüte noch an.

Dennoch scheint der etruskische Charakter und die etruskische Kultur von Sovana (und dies gilt auch für die umliegenden anderen Zentren) kaum von der römischen Kolonisierung berührt worden zu sein, so dass der Ort seine historische Kontinuität bewahren konnte, ohne je zu verfallen oder verlassen zu werden, wie es zahlreichen anderen etruskischen Orten, die sogar bedeutender waren als Sovana, geschehen ist.

Die zahlreichen etruskischen Inschriften, die auf die Zeit der Kolonisierung zurückgehen, zeigen, dass die Sprache und Kultur des Volkes noch lebendig waren und praktiziert wurden.

Die Zeit Christianisierung und Mittelalter

Suama) war ein Zentrum mittlerer Bedeutung, im Handel mit Vulci verbunden und kulturell mit dem Gebiet des nahegelegenen Bolsenasees.

Wie seine monumentalen Nekropolen bezeugen, hat Sovana den Höhepunkt seines Wachstums etwa im vierten und dritten Jahrhundert vor

Sovana wurde schon im 4. Jhdt. n. Chr. zum Bischofssitz, und damit zum wichtigen Bezugspunkt im Prozess der Christianisierung der südlichen Toskana. Auch deshalb wählten die Aldobrandeschi die Stadt als Hauptort ihrer Grafschaft (935), die sich vom Amiata aus über die gesamte Maremma erstreckte.

Das Gebiet der Hügel wurde zum bevorzugten Ziel von Eremiten und Asketen, die mit ihrem Lebensstil zur Verbreitung des Christentums beitrugen: Allein in Sovana gibt es vier Fels-Einsiedeleien.

Nach beglaubigter Überlieferung wurde im 11. Jhdt. in Sovana Papst Gregor VII. geboren, Hildebrand aus Sovana, dessen Name auf die Familie Aldobrandeschi verweist.

Gregor VII. wurde zur Schlüsselfigur in der Auseinandersetzung zwischen Kirche und Reich, zwischen spiritueller Autorität und weltlicher Macht: die Demütigung, die Heinrich IV. in Canossa erlitt, ist das historische Ereignis, das unwiderruflich die Vormacht des Papsttums über die Macht der Kaiser während des Investiturstreits bewies.

Vom 13. Jhdt. an begann in der Grafschaft ein rapider Prozess der Zersetzung und der inneren Kämpfe, der seinen Höhepunkt in der Schlacht von Montaperti (1260) zwischen den Guelfen von Sovana und den Ghibellinen von Santa Fiora fand.

*Piazza del Pretorio:
links
Kirche S. Maria;
in der Mitte
Archivpalast;
rechts
Loggia del Capitano
Amtsgerichtspalast*

Backsteinpflaster in den Gassen, Detail

1312 ging Sovana in dem Besitz der Grafen Orsini über, bis die Stadt 1410 von Heer der Republik Siena erobert wurde.

Sovana, das bis dahin eines der größten Zentren der Maremma gewesen war, erlebte einen langsamen Prozess des Verfalls, der seine Bevölkerung, die nunmehr zu Armut und Elend verdammt war, dezimierte.

Weitere Kriege, Plünderungen und die Reduzierung der Bevölkerung, und schließlich die Malaria machten Sovana zu einem verlassenen und dem Verfall anheim gegeben Ort.

Nicht einmal der Versuch der Medici, die Stadt mit einer Kolonie von eingewanderten Griechen wieder zu besiedeln, brachte den gewünschten Erfolg.

Diese Versuche wurden von den Lothringern wiederholt, jedoch eine erneute Malaria-Epidemie dezimierte ein weiteres Mal die schon schwache Bevölkerung.

Somit zählte Sovana im 19. Jhdt. nur 110 Einwohner, und nur der erst kurz zurücklie-

genden Entdeckung seiner antiken Monumente ist es zu verdanken, dass die Stadt nach Jahrhunderten des Vergessens ins Leben zurückkehrte.

Die ursprüngliche Anlage der Stadt

Am Eingang des Ortes ragt die Ruine der Rocca Aldobrandesca empor (11.Jhdt.), ein imposantes militärisches Bauwerk, das mehrmals erweitert und restauriert (12. - 14. Jhdt.), und schließlich, seit dem 17. Jhdt. dem Verfall überlassen wurde.

Die Burg wurde auf einer in der etruskischen Epoche behauenen Felsfläche erbaut; in den Fundamenten des Gebäudes sind noch Spuren der Etruskermauern zu sehen.

Ursprünglich war die Burg von einem tiefen Graben umgeben, der mittels einer Zugbrücke überquert werden konnte; ihre Position diente dazu, den verwundbarsten Punkt des Ortes und damit das eigentliche Stadttor, die Porta della Rocca, zu verteidigen, die mehrere Jahrhunderte lang den einzigen Zu-

Folgende Seite: Kirche S. Maria, vorromanisches Ziborium

gang zur Stadt darstellte.

Ein zweiter Ortseingang wurde um 1558 unter Cosimo de' Medici eröffnet, er befindet sich auf der Südseite von Sovana und heißt Porta da Passo (oder geheimes Tor); er ist aus einem massiven doppelten Bogentor konstruiert und beherrscht durch seine Position das unterhalb liegende Tal des Folonia-Bachs.

Neben dem Tor befindet sich ein großer Raum, in dem sich ursprünglich der Wachposten aufhielt. Das gesamte Gebiet, das sich oberhalb der Steilwand über dem Tal befindet, besteht aus einer Reihe von Grotten und großen Höhlen aus verschiedenen Epochen. In einer Nische, die aus dem Tuffstein geschlagen wurde, kann man die Überreste eines kostbaren Renaissance-Freskos erkennen, das eine Madonna mit Kind, umgeben von St. Joseph und Johannes dem Täufer darstellt.

Sovana liegt auf einer Anhöhe aus Tuffstein, beim Zusammenfluss der Calesine und Folonia, nach dem üblichen Vorbild der befestigten Etruskerorte, die hoch und in der Nähe mehrerer Wasserläufe gelegen waren.

Die Anhöhe wurde von einem umfangreichen etruskischen Mauerring geschützt (ca. anderthalb km lang), der im Mittelalter noch verstärkt wurde, und aus großen quadratischen Tuffsteinblöcken bestand.

Teile der Etruskermauer sind auch in der Nähe des Doms, der Burg und an verschiedenen Punkten des Ortes zu sehen.

Die Anlage der Straßen ist ähnlich wie in anderen Orten Tusziens: drei Hauptstraßen, die in Längsrichtung verlaufen und Obere Straße, Untere Straße und Mittelstraße heißen.

Piazza del Pretorio (Amtsgerichtsplatz)

Die Wohnsiedlung von Sovana gibt, abgesehen von einzelnen unver-

*Kirche S. Maria:
Madonna
mit dem Kind
zwischen
S. Barbara
und S. Lucia*

meidlichen Restaurierungen, vollständig das Modell eines kleinen, mittelalterlichen Stadtviertels wieder; darin liegt ihre Attraktivität. Die niedrigen zweistöckigen Häuser stehen größtenteils noch auf älteren Fundamenten, die meist aus dem 12. bis 15. Jhdt. stammen.

Die Piazza del Pretorio, der einziges Platz des Ortes, ist umgeben von den wichtigsten historischen Gebäuden Sovanas.

Das Pflaster aus Backsteinen in Fischgrätmuster gibt die ursprüngliche Straßenbepflasterung wieder, die zum Teil Original, zum Teil restauriert ist.

Der Palazzo Pretorio (Amtsgerichtspalast)

Betritt man die Piazza über die Via di Mezzo (oder Via del Pretorio), sieht man auf der rechten Seite ein kleines Gebäude aus dem 12. Jhdt., das von einer Reihe großer Wappen geschmückt ist, die von den verschiedenen senesischen und Medici-Kommissaren stammen, die den Ort vom 14. bis zum 16. Jhdt. regierten.

An der Eckmauer, die das Gebäude bewehrt, ist eine kurze Säule angebracht, an der, wie man annimmt, öffentliche Bekanntmachungen ausgehängt wurden.

Im Inneren des Gebäudes befindet sich das archäologische Museum von Sovana, ein kleines Antiquariat von beachtlichem Interesse, in dem, neben einem Modell der berühmten Tomba Ildebranda auch die Reste ihres Giebelfrieses ausgestellt sind.

In diesen Museum gibt es auch mehrere etruskische Fundstücke und Erklärungstafeln zur etruskischen Zivilisation im Fioratal.

Im ersten Stock findet man überdies eine wertvolle Sammlung von Steingut des Mittelalters aus der Umgebung.

Noch heute ist das Töpferhandwerk ein wichtigen Be-

Kirche S. Maria: Kreuzigung mit St. Anton und S. Lorenz

standteil der traditionellen Aktivitäten der Orte in den Maremmahügeln.

Die Loggia del Capitano (Loge des Hauptmanns)

An der Seite des Palazzo Pretorio befindet sich diese Loge mit zwei Bögen, die auf demselben Stützpfeiler ruhen.
Oben an der Außenwand sieht man ein majestätisches, schön gearbeitetes Wappen der Medici, das Cosimo I. dort zum Ende des 16. Jhdts. anbringen ließ.
In diesem Gebäude residierte der Hauptmann, der den Ort regierte.

Palazzo dell'Archivio (Archivpalast)

In der Mitte des Platzes, zwischen der Via di Mezzo und der Via di Sotto steht dieser elegante kleine Palast aus dem 13. Jhdt. (13. - 14. Jhdt.) mit einem schlanken Glockenturm.
Hier befand sich der Sitz der Gemeinde und das Archiv; beide werden heute nicht mehr genutzt, weil Sovana inzwischen zur Gemeinde Sorano gehört.
Die Fassade des Gebäudes ist mit drei Fenstern und einer Uhr geschmückt, noch heute mit einem komplizierten alten Mechanismus von Gewichten, die aus zwei großen Flusssteinen bestehen und mit Seilen am Uhrwerk befestigt sind.

Die Kirche S. Maria

Auf der linken Seite des Platzes, gegenüber vom Palazzo Pretorio, steht die Kirche S. Maria aus dem 12. - 13. Jhdt.
Die Stirnseite und der ursprüngliche Eingang, die heute verloren gegangen sind, befanden sich dort, wo jetzt der Palazzo Bourbon del Monte steht.
Die Kirche hat drei Schiffe, die durch polygonale Säulen, die weiträumige Bögen stützen, voneinander getrennt sind. Als Hauptaltar finden wir ein seltenes vorromanisches Ziborium aus dem 8. Jhdt., das in der gesamten Toskana einzigartig ist das, berühmteste und wertvollste Stück dieser Kirche, die von einer Atmosphäre schlichter Devotion geprägt ist.
Das Ziborium aus weißem Marmor besteht aus vier Säulen mit Kapitellen im korinthischen Stil, die von einer achteckigen konischen Kuppel gekrönt sind. Die auf den Säulen ruhenden flachen Bögen sind elegant mit geometrischen, floralen und faunistischen Motiven im Halbrelief dekoriert (Weinranken, Opferschalen, Tauben und Spiralen).
Man nimmt an, dass das Zibo-

Kirche S. Maria: Fresko Seneser Schule XV. Jhdt.

rium nach den Restaurierungsarbeiten am Dom von Sovana, wo es sich bis zum 11. - 12. Jhdt. befand, in diese Kirche gebracht wurde.

Eine Reihe wertvoller Fresken schmücken das Innere der Kirche. In der kleinen Kappelle, die dem Eingang gegenüber liegt, sieht man einige Fresken aus dem 15. Jhdt., aus der Schule von Siena; in der Wölbung der segnende Gottvater mit den vier Evangelisten in den vier Ecken; an der rechten Wand sind drei Heilige dargestellt, während auf der Außenfläche des Eingangsbogens der Kappelle sich zwei Fresken mit Szenen aus dem Leben der Muttergottes befinden.

In der Nische rechts vom Haupteingang sieht man ein Fresko, das der Schule des Andrea del Niccolò zugeschrieben wird, eines senesischen Malers der frühen Renaissance: die Madonna mit dem Kind zwischen S. Barbara und S. Lucia, aus dem Jahre 1508. An den Seitenwänden der Nische erkennt man S. Sebastian und S. Mamiliano.

In der anderen Nische links vom Eingang ist eine Kreuzi-

Die Tuffsteinstädte

Kathedrale S. Peter XI.-XII. Jhdt.

gung dargestellt, mit S. Anton und S. Lorenz zu Christi Seiten. An der Rückwand befindet sich ein großes Wandfresko mit einer weiteren Kreuzigungsszene mit S. Maria und S. Johannes und, an den beiden Seiten, S. Gregor und S. Anton.

Einige römische Marksteine aus der spätrepublikanischen Epoche mit Grabinschriften sind in der anderen Ecke der Kirche zu sehen.

Der Palazzo Bourbon del Monte

Neben der Kirche von S. Maria steht der Palast der Markgrafen Bourbon del Monte. Die strenge Fassade des 17. Jhdt. hat drei umrahmte Fenster über einem Erdgeschoss mit einem Bogengang, der aus drei weiten Bögen auf Säulen besteht.

S. Mamiliano

Wenn man die Piazza del Pretorio von der Via del Duomo aus betritt, sieht man zur Rechten die verfallenen Mauern der Kirche von S. Mamiliano, die zu den ältesten Gebäuden Sovanas zählt. Die Kirche ist dem Schutzpatron des Ortes geweiht; hier stand vermutlich die erste christliche Kirche des ursprünglichen Bischofssitzes, die auf den Resten eines heidnischen Tempels erbaut worden war.

Sieht man von außen die niedrigen Mauern des Gebäudes, so kann man erkennen, dass die Kirche auf einer früheren etruskischen Struktur erbaut ist, von der noch die großen quadratischen Tuffsteinblöcke zu sehen sind, die ihrerseits die Basis der römischen Mauerteile im Opus reticulatum (in kleineren rechteckigen Blöcken) bilden.

Das Kloster S. Benedikt

In der Nähe des auf der Piazza Pretorio befindlichen Parkplatzes sieht man die Reste des Klosters von S. Benedikt (12. Jhdt.). Früher einmal hatte diese Kirche eine gewisse Bedeutung; einigen Forschern zufolge soll sie dem Templerorden gehört haben.
Die Anwesenheit der Tempelritter in Sovana ist belegt durch ein Originaldokument der Zeit, in dem von einer lokalen Kommandantur der Templer die Rede ist, die aber bisher nicht eindeutig lokalisiert werden konnte.

Der Dom

Am westlichen Ende des Ortes, in einer das Tal dominierenden Position, befindet sich der Dom, das bedeutendste Monument des Mittelalters in Sovana, der S. Peter und Paul geweiht ist.
Es handelt sich hier um das seltene Exemplar einer Kathedrale in romanisch-gotischem Stil, einzigartig in seiner Art, vor allem wegen des besonderen künstlerischen Wertes der dekorativen Steinmetzarbeiten und der eigenartigen, aber harmonischen architektonischen Formen in ihrem

Domkrypta

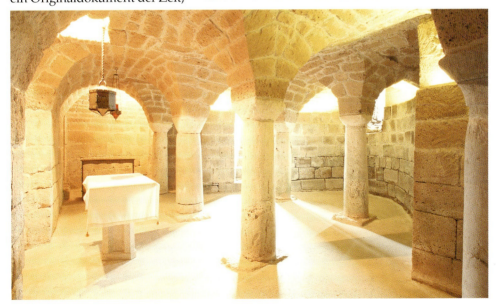

Die Tuffsteinstädte

*vorige Seiten:
Kathedrale
Innenraum*

Innenraum.
Eine erste Bauform scheint bereits auf das 9. Jhdt. zurückzugehen. Mit Sicherheit bestand die Kirche im 11. Jhdt., wie eine päpstliche Bulle von Niccolò II. beweist.
Später wurde das Gebäude in mehreren Baumaßnahmen (vom 12. bis zum 14. Jhdt.) in seinem Aussehen verändert, bis es schließlich seine heutige Form erhielt.
Am meisten wird sicherlich an der Kirche ihr vollendetes Portal aus Marmor bewundert, dessen eindeutig gotisch beeinflusste Dekorationen noch heute eine Spiritualität wachrufen, die von subtil geheimnisvoller Symbolik durchdrungen ist.
Das Portal besteht aus einem ersten, äußeren Bogen, in dessen oberer Hälfte die Seele eines Menschen dargestellt ist, die zum Himmel aufsteigt.
In mittleren Teil des Bogens befinden sich zwei stilisierte, monströse Löwenköpfe, die dort symbolisch zur Wache über den heiligen Ort angebracht sind.
Im unteren Teil des Bogens sind verschiedene symbolische Motive in dem Stein gemeißelt, unten links: eine doppelschweifige Sirene, eine menschliche Figur aus Spiralen, zwei einander gegenüber stehende Pfauen, eine Rose in einem Kreis. Unten rechts sieht man einen Krieger zu Pferd mit erhobenem Schwert und eine Reihe geometrischer Motive von ineinander verschränkten Kreisen.
Innerhalb dieses Bogens befindet sich ein zweiter Bogen, der aus zwei schlanken Säulen mit korinthischen Kapitellen besteht, die vollständig von einem

*Die eindrucksvolle
Domfassade*

Spiralmuster bedeckt sind.

Im Inneren des Portals sieht man Motive von eindeutig symbolischer Natur: mehrblättrige Blüten, einfache und verschränkte Spiralen und spiralförmige Blüten.

Die Blüten mit den offenen Blättern, im besonderen die Rose, waren in diesen Jahrhunderten das traditionelle Symbol des sich entfaltenden Lebens, mit einer Anspielung auf die metaphysische Vorstellung mehrerer Welten (Erde, Paradies, Hölle, Zwischenzustand), die eben von der Anzahl der dargestellten Blätter symbolisiert wurden.

Die Spirale war das Symbol des Lebens an sich, als alles durchdringende Energie, die, göttlich und irdisch, alles durchströmt, beeinflusst und verbindet.

Diese Symbole gehen sicherlich auf die Zeit der Antike zurück, noch vor der eigentlichen christlichen Tradition.

Andere ähnliche Bildhauermotive in Blumen- oder Tierform sind überall, hier und da an den Außenmauern der Kirche zu sehen.

Das Innere des Domes ist durch eine Reihe massiver, kreuzförmiger, zweifarbiger Säulen geteilt, auf denen das Kreuzgewölbe des Mittelschiffs ruht.

Von besonderem Interesse sind die Skulpturen am oberen Teil der Kapitelle, die mit den Arbeiten von S. Antimo zu vergleichen sind und der lombardischen Schule des 11. Jhdts. zugeschrieben werden. Im lebendigen Zusammenspiel der Figuren sind biblische Szenen eingemeißelt: Adam und Eva, Moses, der die Wasser teilt, das Opfer Isaaks, der Prophet Elias, Daniel in der Löwengrube und verschiedene symbolische Tiere.

In einer Urne auf dem Altar des linken Seitenschiffs ruhen die Gebeine von S. Mamiliano, dem Schutzpatron Sovanas. Vorher befanden sich diese

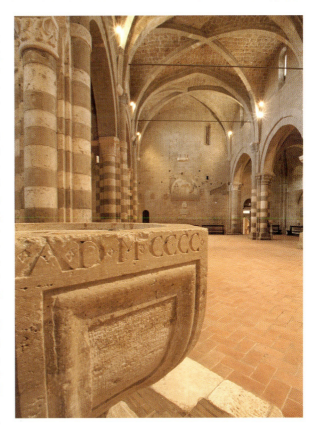

Im Inneren der Kathedrale

Folgende Seite: das Domportal

heiligen Reliquien in dem steinernen Sarkophag aus Travertin (15. Jhdt.), der im rechten Seitenschiff zu sehen ist und auf dem sich die steinerne Figur des Heiligen befindet.

Sehenswert ist auch das Taufbecken von 1434 aus behauenem Travertin, und ein Bild aus dem 17. Jhdt. von Domenico Manenti, das das Martyrium von S. Peter darstellt.

Vor dem Dom außen beginnt die Via del Mezzo (oder Via del Duomo) die zur alten Porta di S. Croce führt, die heute zerstört ist, jedoch früher einmal als westlicher Eingang zum Orte diente.

An dieser Straße entlang sind Teile der etruskischen Mauer und Spuren eines etruskischen Tempelchens zu erkennen.

Weitere wichtige Reste von etruskischen Mauern und verschiedenen Bauten (5. Jhdt. v. Chr.) befinden sich auf einer ausgedehnten Fläche unterhalb des Doms, auf seiner Nordseite, in der Nähe des Parkplatzes. Es handelt sich hier um Bauten aus verschiedenen Zeitepochen; einige davon dienten zur Befestigung, andere wiederum bildeten vermutlich das Areal eines antiken Tempels.

Dort, wo heute der Dom steht, befand sich vermutlich die ursprüngliche etruskische Akropolis, und wahrscheinlich bereits eine Wohnsiedlung der prähistorischen Epoche.

Dies scheint also das älteste Siedlungsgebiet gewesen zu sein, wo die ersten Wohnstätten standen, aus dem einfachen Grund, weil es sich um den höchsten und am leichtesten zu verteidigenden Punkt des Felsplateaus von Sovana handelt.

Flachrelief auf dem Pfeiler des Domportals

Im Inneren der Kahtedrale Dreifaltigkeit zwischen den Heiligen

Die Tuffsteinstädte

Das etruskische Sovana

Die etruskischen Fundstätten um Sovana sind, verglichen mit anderen Zentren des antiken Etruriens, von besonderer Bedeutung, weil man hier in einer einzigartigen Umbebung die größte Zahl finden kann. Abgesehen von den Tumulus-Gräbern (Cerveteri, Vulci, Vetulonia...) die man hier nicht findet, sind die anderen Arten von Gräbern hier alle vertreten: Kammer-, Würfel-, Halbwürfel-, Aedicula- und Grabengräber, einschließlich der seltenen und berühmten Tempelgräber, von denen außer in Sovana nur noch ein einziges, fast verfallenes, in Norchia existiert.

In den vulkanischen Schluchten um Sovana wurde der Tuffstein seit der Zeit der

Seite gegenüber:
Kapitelle im
Inneren des Doms,
Details

Beispiele
für Würfelgräber

Die Tuffsteinstädte

ersten etruskischen Ansiedlungen geschnitten, behauen und bearbeitet. (8. Jhdt. v. Chr.), und die Aktivitäten der Steinmetze über zehn Jahrhunderte, also durch die gesamte Etruskerzeit bis zur Romanisierung und über sie hinaus beibehalten. Sovana ist eines der größten etruskischen Zentren der aus dem lebenden Felsen geschlagenen Werke, die ohne Mauerwerk, Mörtel oder Backsteine gefertigt worden sind.

Gräber, Hohlwege, archaische sakrale Stellen, Korridore, Brunnen, Wasserkünste, große Felsoberflächen, die behauen oder geformt wurden: Das ist das kostbare und einzigartige Erbe der Felsen von Sovana.

Wegen dieser Besonderheiten erhielt die Gegend im Volksmund die Bezeichnung Tuffsteinstadt oder Zivilisation des Tuffsteins, um damit das spezielle Wahrzeichen und Material der Maremmahügel hervorzuheben.

Die etruskischen Sehenswürdigkeiten liegen in der unmittelbaren Umgebung des Ortes, entlang der drei Täler und ihrer Wasserläufe: Folonia, Calesine und Picciolana.

Die Nekropole an der Folonia

Wenn man links von der Straße nach S. Martino sul Fiora abbiegt, gelangt man bald

Das Kolumbarium

Die Tuffsteinstädte

*Vorige Seite:
Der Hohlweg
von Poggio Prisca*

*Die Swastika
und einige
etruskische
Inschriften
an der Wand des
Cavone*

unterhalb der Rocca Aldobrandesca an eine kleine Brücke: Hier führt links ein Weg ins Bachbett der Folonia hinunter.

An der Nordseite des Grabens befindet sich zwischen großen Steinblöcken und schattigen Eichen eine Nekropole mit Halbwürfelgräbern aus dem 3. Jhdt. v. Chr. Diese Art von Monumenten besteht aus einem Steinblock, der in Form eines Halbwürfels behauen worden ist, oder eines Kubus in erhöhter Position, mit der Grabkammer darunter, die durch einen kurzen Dromos (Korridor) zu erreichen ist.

Die Oberfläche des Halbwürfels war von einem Grabcippus gekrönt, von dem noch deutliche Spuren zu finden sind, während die Fassade noch das stilisierte Bild einer Tür (zum Jenseits) darstellt, sowie einige Inschriften in etruskischen Buchstaben mit dem Namen des Verstorbenen.

Die quadratischen Grabkammern verfügen über Tuffsteinbänke, auf denen der Tote deponiert wurde.

Man nimmt an, dass der Halbwürfel (in einigen Fällen handelt es sich auch um einen ganzen Würfel oder einen gleichseitigen Kubus) eine Stilisierung des etruskischen Hauses darstellten, aber es ist wahrscheinlicher, dass er die Form des Ara oder Opferaltars wiedergab, und als solcher auch bei den Beerdigungsriten benutzt worden ist.

Gegen Ende des Grabens sind in südlicher Richtung einige

Das etruskische Sovana

Tomba Pisa

Kammergräber zu finden, die auf das 7. Jhdt. v. Chr. zurückgehen.
Diese antiken Gräber bestätigen die Annahme, dass im Lauf der Jahrhunderte diese heiligen Plätze durchgehend besucht und benutzt worden sind.

Monte Rosello, Valle Bona und das Grab des Silen

Wenn man den Eingang zur Rocca Aldobrandesca hinter sich lässt und sich in Richtung der Straße nach Pitigliano wendet, kann man links in einen Pfad einbiegen. Gleich danach erscheinen auf der linken Seite die sehr verfallenen Eingänge zu zwei etruskischen Hohlwegen, die in den Felsen eingeschlagen sind. Einige schmale lange Grabstätten, die aus der Wand des Hohlweges geschlagen wurden, zeigen den besonderen Brauch an, die Toten längs dieser Hohlwege zu bestatten, um so die heilige Kraft zu nutzen, die diesen großen Hohlwegen zugeschrieben wurde.

Der Pfad mündet am Ufer des Calesine im Bona-Tal. In der Ferne sieht man im Westen die Flanke des Monte Rosello mit einigen Eingängen zu Kammergräbern.

Unter anderem fällt ein etruskisches Kolumbarium auf, das unerreichbar hoch in der Felswand liegt. Diese Grabstätte, seinerzeit getüncht und ausgemalt, verfügt über eine vollendete Kassettendecke in Kreuzform und geht auf das 4. Jhdt. v. Chr. zurück.

Die Wände des Raumes sind vollständig mit dem typischen Netz kleiner Aushöhlungen bedeckt, die man Kolumbarien nennt. Diese Nischen dienten zur Aufbewahrung kleiner Urnen mit der Asche der Verstorbenen. In der Römerzeit wurden in diesen Nischen Tauben gezüchtet, daher kommt der Name Kolumbarien oder Taubenschläge.

Wenn man im Tal Valle Bona, unterhalb von Sovana, den Calesine überquert und unmittelbar danach rechts den Hügel hinaufsteigt, erreicht man eine Nekropole aus dem 4. - 3. Jhdt. v. Chr. mit verschiedenen Felsengräbern. Gleich zu Beginn des Pfades öffnet sich auf der linken Seite der weite Eingang eines großen Kolumbarium, dem sich eine geräumige Höhle anschließt. die in der Mitte von einer massiven Säule gestützt wird. Aber das wichtigste Grabmal ist zweifellos das Grab des Silen (3. Jhdt. v. Chr.), das bei der Hälfte des Weges auf dem höchsten Punkt des eben beschriebenen Hügels liegt.

Dieses Grab wurde 1963 entdeckt; es war noch intakt und wies eine beachtliche Ausstattung an Grabbeigaben aus Steingut und Bronzegegenständen auf. Während der Ausgrabungen fand man den Kopf eines Silen (Faun, Gefährte des Pan): Hieraus bezog das Grab, das vermutlich mit mehreren Silenmasken dekoriert war, die an seiner Fassade angebracht waren, seinen Namen. Dieses

Das etruskische Sovana

Grab des Silen

Grab ist einzig in seiner Art, es wurde bisher noch nirgendwo anders gefunden: Es handelt sich um eine zylindrische Form, an deren Oberfläche im Halbrelief sechs Halbsäulen mit Kapitellen eingemeißelt waren. Man nimmt an, dass es sich bei dieser Struktur um die synthetische und stilisierte Form eines Tempels handelt, die in einer kühnen und anspruchsvollen Bündigkeit entworfen wurde. Die unterhalb des Tempels befindliche Grabkammer besteht aus einem Korridor, der in einen rechteckigen Raum mit einer umlaufenden Bank mündet, die für die Deposition des Toten und seiner Grabbeigaben gedacht war.

Entlang des Weges entdeckt man noch weitere Gräber, die schon sehr verfallen sind und sich alle in der Nähe des Absatzes befinden, auf dem die Tomba del Sileno liegt.

Die Nekropole von Sopraripa

Hinter dem Tunnel an der Straße nach S. Martino sul Fiora (in Richtung Saturnia) ist auf der linken Seite die Nekropole von Sopraripa ausgeschildert. Wie die anderen Stätten der Antike wurde auch diese Nekropole in der Mitte des letzten Jahrhunderts entdeckt; die ersten offiziellen Ausgrabungen wurden zwischen 1920 und 1940 durchgeführt.

Es handelt sich hier wahrscheinlich um die faszinierendste und auch berühmteste Nekropole von Sovana, vor allem dank der Tomba della Sirena.

Dieses Grabmal befindet sich am Ende der Nekropole, auf einer felsigen Anhöhe.

Eine große, bogenförmige Aedicula, aus einem einzigen Felsblock geschlagen, ragt weiß und mächtig in ihrer eleganten Altertümlichkeit empor. In ihrem Giebel ist eine doppelschweifige Sirene dargestellt, die sowohl das Jenseits als auch eine Meeresgottheit symbolisiert.

Innerhalb des Bogens ist ein Totenbett eingemeißelt, auf dem eine liegende Figur zu erkennen ist. Darüber befindet sich folgende verwitterte Inschrift: nulina vel velus, d.h. Nulina (Name), Sohn (oder Tochter) von Vel und Velus, Eltern der verstorbenen Person.

Dieses Grab gehörte wie die anderen Monumentalgräber von Sovana der Kaste der Adligen. Vorne sieht man zu beiden Seiten die Skulpturen zweier Schutzgeister, die den Ort bewachten. Die Grabkammer befindet sich unterhalb des Monuments, sie ist über einen engen Dromos zu erreichen; es handelt sich um eine kleine Grotte mit schmalen Tuffsteinbänken, auf denen wahrscheinlich die Asche der Verstorbenen deponiert wurde.

Das Grab der Sirene aus dem 3. Jhdt. v. Chr. ist eines der wichtigsten etruskischen Werke im hellenistischen Stil, der durch den anwachsenden Einfluss der griechischen Kunst auf die tyrrhenische gekenn-

zeichnet ist.
Folgt man dem Pfad, sieht man oben links eine Reihe Würfel- und Halbwürfelgräber (3. Jhdt. v. Chr.) in gutem Erhaltungszustand. Die großen Würfel verfügen über zwei seitliche Treppen, die auf die obere Ebene des Monumentes führen, wo rituelle Opfergaben dargebracht wurden.
Auf der Fassade der Würfel ist im Halbrelief die Tür zum Jenseits eingemeißelt, ein vermutlich aus Ägypten stammendes Symbol, darüber hinaus sind noch einige etruskische Inschriften erkennbar.
Der Weg führt durch einen schattigen Eichen- und Kastanienwald, eine Umbebung, die noch von dem Hauch ihrer antiken Heiligkeit durchströmt ist.
Im Westen der Nekropole liegen die Eingänge zweier großer Hohlwege, die merkwürdigerweise parallel zueinander verlaufen. Der erste ist nach einem Erdrutsch versperrt, aber der zweite ist noch begehbar; es ist der spektakuläre Hohlweg von S. Sebastiano.
Die etwa 25 Meter hohen Wände, die auf der Länge eines halben Kilometers vollständig von Hand ausgeschlagen wurden, versetzen den Besucher wegen des enormen Arbeitsaufwands in Erstaunen, der nötig war, um diesen megalithischen unterirdischen Korridor zu öffnen.
Mehrere, oft unlesbare Inschriften sind im oberen Teil der Wände zu sehen. Auf halbem Weg führt ein Abzweig zu einigen kleinen Kammergräbern oberhalb des Hohlwegs. Wenn man vorsichtig am Rand des Abgrunds entlanggeht, kommt man zu Räumen, die im Mittelalter, wie zahlreiche eingemeißelte Kreuze zeigen, als Felseinsiedeleien benutzt wurden, die von christlichen Asketen während der langen und schwierigen Periode der Christianisierung dieser heidnischen Orte bewohnt waren.
Von dieser Einsiedelei aus hat man einen schwindelerregenden Ausblick auf den darunter liegenden Hohlweg.
Am Anfang der Nekropole, in Richtung des Flüsschens Calesine, befinden sich einige Kammergräber aus dem 7. Jhdt. v. Chr., ein Anzeichen dafür, dass die Nekropole schon im frühen Altertum als Kultstätte benutzt wurde.

Die Kirche von S. Sebastiano

Am westlichen Rand der Nekropole von Sopraripa liegt im Tal, von der Straße aus gut einzusehen, die Kirche von S. Sebastiano, die vermutlich aus dem 13. Jhdt. stammt, jedoch im Lauf der

Jahrhunderte mehrmals in ihrem Aussehen verändert wurde. Dieses Gebäude gehörte wahrscheinlich dem Templerorden, dessen Anwesenheit in Sovana bereits festgestellt wurde.

Spuren von Fresken und ein Bischofswappen aus dem 17. Jhdt. sind im Inneren zu finden.

Hinter der Kirche sind im Gebüsch einige Gräber aus der frühesten Etruskerzeit versteckt.

Die Tomba Pisa

Im Tal des Calesine beim Poggio Grezzano in Richtung Sovana liegt eine Nekropole mit unterschiedlichen Gräbern aus verschiedenen Epochen.

Von der Asphaltstraße aus nimmt man den ersten Pfad, der zur Spitze des Hügel führt. Dort erreicht man ein Plateau, das rundum von einem großzügig und genau ausgeführten Felseinschnitt umgeben ist. In seiner Mitte befindet sich ein Kolumbariumgrab, das vermutlich aus der etruskisch-römischen Epoche stammt.

Besonders sehenswert ist die vollendete Ausführung der zahlreichen wabenförmigen Nischen, die vollständig die Wände des großen Raumes bedecken.

Wenn man das Tal entlanggeht, findet man unten links nach etwa 100 Metern die Tomba Pisa (3. Jhdt.), das größte Kammergrab des gesamten Hügelgebiets.

Das Grab, das bis zum 1. Jhdt. v. Chr. benutzt wurde, enthielt, als es wieder geöffnet wurde, noch einen Teil der ursprünglichen Grabausstattung, mit hellenistischen Keramiken und Dekorationsstücken in vergoldeter Bronze.

Im Inneren des Grabes liegen mehrere aufeinander folgende Kammern im unregelmäßigen, kurven- förmigen Grundriss, die durch Halbwände von einander getrennt sind. Den Zugang zum Grab bildet in tiefer Grabkorridor (Dromos) von 6 Metern Länge.

Wenn man dem Tal weiter folgt, auf der Seite der Tomba Pisa, findet man einige Kammer-, Würfel- und Halbwürfelgräber ausgeschildert, deren Datierung vom 7. bis zum 2. Jhdt. geht.

An der Spitze des Hügels sind in der Macchia mehrere Felsblöcke zu erkennen, die den Eingang zu einem Hohlweg markieren, der jedoch zum Teil von der Vegetation überwuchert ist.

Folg man diesem Pfad, so kann man, wenn man den Calesine überquert hat, auf den Weg gelangen, der direkt zum Ort führt.

Die Tomba Ildebranda

Es handelt sich hier um das einzige noch einigermaßen erhaltene Modell eines etruskischen

Das etruskische Sovana

Tempelgrabs.
Es ist von der Provinzstraße aus, die nach S. Martino sul Fiora führt, kurz nach der Nekropole von Sopraripa zu erreichen (siehe Beschilderung).
Dieses in den zwanziger Jahren wiederentdeckte Grab erhielt den Namen Ildebranda, zu Ehren Papst Gregors VII. (Ildebrando da Sovana).
Das Monuments ist eines der bedeutendsten Beispiele der etruskischen Felsarchitektur; es wurde aus einem riesigen Felsblock geschlagen, aus dem in penibler Sorgfalt und Kunstfertigkeit ein traditioneller etruskischer Tempel der hellenistischen Epoche rekonstruiert worden ist.
Die Fassade des Tempels besteht aus zwölf kannelierten

Im Inneren der Tomba Ildebranda

*Vorige Seiten:
Das monumentale
Hildebrandsgrab*

*Hildebrandsgrab,
Detail*

Säulen, die auf die etruskische Dodekapolis verweisen.
Die Kapitelle, die man im Museum von Sovana besichtigen kann, waren mit vier männlichen und weiblichen Götterantlitzen und großen Akanthusblättern dekoriert.
Der hellenistische Stil verweist auf das 3. Jhdt. v. Chr.
Im Giebel des Tempels waren verschiedene Blumenmotive dargestellt, in einem üppigen Geflecht von Blüten, Blättern, Glocken und heiligen Tieren.
Entlang des oberen Rahmens kann man an der Westseite noch Friese sehen, die Greife, Sirenen, Opferschalen, Gänse und andere Tiere darstellen und sich wahrscheinlich auf den Tierkreis des Himmels beziehen.
Die gesamte Tempelfläche war verputzt und in lebhaften Farbtönen bemalt.
In die ausladende Fläche vor dem Tempel sind zwei Grabeingänge eingeschlagen.
Der Haupteingang, der unter die Oberfläche führt, endet genau unter dem Mittelpunkt des darüberliegenden Tempels, in einer kreuzförmigen Grabkammer, an deren Rückwand sich eine Ruhebank befindet, die einzige, die für die Deposition eines Toten geeignet ist, was darauf schließen lässt, dass die Grabkammer, wie auch der darüber liegende Tempel, für eine sehr hochstehende Persönlichkeit aus Sovana geschaffen worden sind.
Der seitliche Dromos hingegen führt zu einem Grab, von dem man annimmt, dass es älter ist (4. Jhdt. v. Chr.); die besonders interessante Decke in Kassettenform stellt die Decke eines etruskischen Hauses dar.
Entlang der Wände verläuft eine erhöhte Bank aus Tuffstein, die für mehrere Depositionen Platz bot.
Eine diskrete Öffnung in der Rückwand ist ein Andenken, das die Grabräuber hinterlassen haben, als sie dieses Grab ausraubten, und durch das Loch in die nächste Grabkammer gelangten.
Vor einigen Jahren wurde neben der Tomba Ildebranda ein weiteres

Das etruskische Sovana

Hildebrandsgrab, Detail

Felsplateau ausgegraben, auf dessen Fläche neben breiten Treppen zwei hohe Aediculen stehen, von denen eine die vereinfachte Form einer Tempelfassade wiedergab.

Vor der anderen Aedicula sieht man die Reste von zwei Löwen aus Tuffstein in Angriffstellung. Mehrere Dromoi mit respektiven Kammergräbern befinden sich unterhalb der Aediculen.

Diese überaus interessanten Monumente sind noch nicht endgültig erforscht und daher nur aus der Entfernung zu sehen.

Wenn man von der Tomba Ildebranda aus wieder hinunter geht, sieht man zur Linken einen Teil des Hohlwegs von Poggio Prisca, eines Einschnitts von beachtlichen Dimensionen, der merkwürdig gekrümmt hinter der Tomba Ildebranda hinauf zum darüberliegenden Hügel führt. Rechter Hand zeigt ein Schild den Weg zur Tomba Pola, ca. 150 m entfernt, wobei man an verschiedenen Gräbern vorbeikommt.

Die Tomba del Tifone

Wenn man den Hohlweg von Poggio Prisca herunterkommt, biegt man nach links in einen Weg ein, durchquert ein Wäldchen und gelangt nach

Alpenveilchen

kurzem Weg an eine Terrassierung unterhalb des Poggio Stanziale. Hier findet man mehrere Halbwürfelgräber und waagerechte Grabnischen, die direkt in die Felswand eingeschlagen sind und wahrscheinlich aus der Römerzeit oder sogar der christlichen Epoche stammen. Unterhalb der Felswand aus Tuff ragt eine erhöhte Aedicula oberhalb einer massiven Felsplattform heraus. Das Monument (2. Jhdt. v. Chr.) aus der hellenistischen Epoche hat seinen Namen von der Figur erhalten, die in den Giebel der Aedicula eingemeißelt ist und ein männliches Gesicht mit zerzausten Haaren und offenem Mund darstellt. Das ließ an den legendären Taifun denken, das Meeresungeheuer, das in seiner Symbolik ans Meer und an das Jenseits erinnert und aus dessen Mund die furchtbaren Sturmwinde bliesen, die Schrecken und Tod brachten.

Auf der linken Seite der Aedicula ist eine Reihe von Treppenstufen eingeschlagen, die hinauf zur Dachfläche leiten, auf der die Begräbnisrituale durchgeführt wurden. Vor dem Grabmal sind im Schatten der Eichen mehrere unterirdische Korridore in einer Reihe angelegt: Einer von ihnen führt sicher zu der Grabkammer unter der Erde, die zur darüberliegenden Aedicula gehörte.

Zukünftige Ausgrabungen und die Säuberung des gesamten Gebiets werden diesen Teil der Nekropole ans Tageslicht bringen, der zur Zeit noch verborgen ist.

Der Cavone

Man setzt den Weg nach der Tomba del Tifone fort und biegt unten, der Beschilderung folgend, nach links in den Weg ein, der zum Cavone von Sovana führt, einem in den Felsen geschlagenen Hohlweg von kolossalen Ausmaßen, der reich an verschiedenartigen

etruskischen Spuren ist.
Unmittelbar hinter dem Eingang sieht man oben links in der Wand etruskische Grotten, die im Mittelalter als Einsiedeleien im Felsen benutzt wurden.

Unterhalb der Einsiedeleien ist eine halbmondförmige Nische in den Felsen geschlagen, in der die Reste eines Freskos, das die Madonna mit dem Kind darstellt, zu sehen sind.

Weiter im Inneren des Hohlwegs sieht man hoch oben in der Felswand einige Gräber, die auf den Abgrund hinausgehen.

An den Wänden findet man mehrere eingemeißelte Zeichen aus verschiedenen Epochen, darunter christliche Kreuze, die die antiken heidnischen Götter aus diesem Weg austreiben sollten, der einmal "Straße des Teufels" hieß, und Quelle verschiedener Gerüchte, Aberglauben und Ängste war, zum Beispiel, dass es ge-

Grab der Sirene

Die Tuffsteinstädte

Folgende Seite: Einsiedelei im Hohlweg von S. Sebastiano

Inschrift auf dem Grab der Sirene

fährlich sei, den Weg nachts zu begehen.
Auf halbem Weg ist neben einer Nische aus dem Mittelalter die etruskische Inschrift VERTNE eingemeißelt (4. - 3. Jhdt. v. Chr.), die wahrscheinlich dem höchsten etruskischen Gott, Vertumno (oder Veltha) gewidmet war.
Neben der Inschrift ist eine große Swastika in den Felsen geschlagen, das Symbol der Sonne und der Polarität.
In der Nähe des Cavone liegt auf der Südseite des Hügels eine ausgedehnte Nekropole der archaischen und hellenischen Epoche, mit beachtenswerten Aediculagräbern, die mit Inschriften und dekorativen Friesen geschmückt sind.

Die Tomba Pola

An der Landstraße in Richtung S. Martino sul Fiora, etwa 400 Meter hinter der Tomba Ildebranda, verweist ein Hinweisschild auf die Tomba Pola.
Am Fuße des Hügels befinden sich gleich am Straßenrand einige interessante Felsengrä-

Das etruskische Sovana

43

Die Tuffsteinstädte

Grab der Sirene, Detail

ber, die kürzlich erst entdeckt worden sind.

Man folgt dem Pfad, der an den Gräbern entlang führt, in Richtung Hügelspitze, und erreicht so die Höhle Pola, eine weiträumige Grotte mit einer Mittelsäule und Resten antiker Felsstrukturen, die vermutlich als Grab benutzt wurde.

Gleich daneben befindet sich die Tomba Pola aus dem 3. Jhdt. v. Chr.), die heute ziemlich verfallen ist; früher war sie einmal ein monumentales Felsengrab mit einer Tempelfassade und acht Säulen, die ein dekoriertes Tympanon trugen. Auch hier, wie bei der Tomba Ildebranda, sind die Reste einer ungeheuren Skulptur- und Architekturarbeit zu sehen, die mit penibler Genauigkeit an der Felsoberfläche ausgeführt wurde.

Unterhalb der Tempelstruktur führt ein fünfzehn Meter langer Dromos in das Innere der weitläufigen, kreuzförmigen Grabkammer.

Die umlaufenden Tuffsteinbänke haben Vertiefungen, in denen die hölzernen Sarkophage mit den Toten eingelassen wurden.

Die Hand des Orlando

An der Landstraße nach Sorano befindet sich kurz vor der Kreuzung nach Pitigliano auf der linken Seite ein einzigartiges, rätselhaftes Monument: Es handelt sich um einen großen Felsblock, der wie eine Hand geformt ist.

Die Überlieferung des Volksmunds will, dass diese Hand auf magische Weise entstanden ist, weil während der Belagerung Sovanas unter Karl dem Großen der Ritter Orlando (der rasende Roland) den Felsblock in einem unwiderstehlichen mystischen Raptus mit seiner Hand umklammert hat.

Aber dieses Monument geht wahrscheinlich auf eine viel ältere Epoche zurück als das Mittelalter. Eine Möglichkeit der Erklärung ist, dass der Block dazu diente, Hanfseile zu verstärken, indem man sie durch die Finger des Hand laufen ließ. Eine weitere Vermutung ist, dass der Block als Beobachtungsposten diente, weil man die Umgebung aus den Zwischenräumen der Finger beobachten konnte.

Schließlich besteht noch die Möglichkeit, dass die Hand auf die Megalithzeit zurückgeht, in der es üblich war, große Steine

Folgende Seite: Die Hand des Orlando

*Reste einer
Löwenskulptur
Grab Pian Casale*

aufzustellen, die magisch-sakrale Funktion hatten.

Die Nekropole von Pian Casale

Auf halber Strecke zwischen Sovana und Sorano führt eine unasphaltierte Straße links, wenn man von Sovana kommt, zum Pian Casale oder Poggio Casale, einem Plateau, das über dem Graben des Calesine liegt.

Wenn man durch einen Hohlweg, der im naheliegenden Wald beginnt, ins Tal hinuntergeht, gelangt man zu einer typischen etruskischen Siedlung, am Zusammenfluss zweier Wasserläufe und am Abhang eines weiteren Tuffsteinfelsens gelegen.

Der Platz ist sehenswert wegen seiner zahlreichen Gräber aus der archaischen Zeit (5. - 6. Jhdt. v. Chr.), zwischen denen ein megalithischer Felsblock, als Aedicula behauen, an dessen Spitze im Halbrelief ein großer Löwe im Profil dargestellt ist.

Über Kerben auf der Rückseite des Monuments kann man zur Spitze hinaufklettern, wo vermutlich die vorgeschriebenen Rituale durchgeführt wurden. Der archaische Stil des Löwenbildes erinnert an einige Arten der östlichen Ikonologie, mesopotamisch oder hethitisch. Möglich ist auch eine stilistische Parallele zum Löwentor von Mykene.

SORANO

Die Lage des Ortes Sorano orientiert sich am klassischen Modell der Felsenstädte in der Hochmaremma: Auf einem weitläufigen, steil abfallenden Plateau aus Tuffstein gelegen, umgeben von drei Wasserläufen, liegt die mittelalterliche Altstadt, unterhalb derer noch die Zeichen älterer Zivilisationen, der Etrusker und der Prähistorie, zu erkennen sind. Sorano ist einer der weniger bekannten Orte dieses Hügelgebiets, und auch derjenige, der am wenigsten durch Ausgrabungen erforscht wurde. Dennoch ist Sorano aufgrund seines Reichtums an Sehenswürdigkeiten und Naturschönheiten dazu prädestiniert, zu einer der Hauptattraktionen des geplanten archäologischen Naturparks zu werden.
Der Ort liegt am Abhang des Monte Elmo, eines Berggebiets mit einer reichen Fauna und üppigen Waldflora.
Das ausgedehnte Gebiet der Gemeinde Sorano umfasst ein beinahe unberührtes Areal am Fuß der Berge mit einer schwachen Bevölkerungsdichte.
Dies ist der am weitesten landeinwärts und am höchsten gelegene Teil der Maremma; in der Nähe der ersten Vorapeninnenberge und an der Grenze zu Latium (Acquapendente, Onano), wo fast unvermittelt das Gebiet des Tuffsteins endet und die hellen Lehmhügel des Pagliatals beginnen.
Wie aus bisherigen Forschungen hervorgeht, gehört Sorano zu den Felsorten, die seit der Bronzezeit bewohnt waren; danach wurde der Ort zu einer Hochburg der Etrusker, auch wenn der antike Name des Ortes, wie auch seine Geschichte, noch nicht bekannt sind.
Der Name Sorano, der lateinischen Ursprungs ist, kommt wahrscheinlich von einer etruskisch-faliskischen (von Faleria) Gottheit, dem bekannten Pater Soranus, einem Gott, der den Bergen und den Wölfen zugeordnet wird, und sicherlich den unterirdischen Aspekt einer Sonnengottheit darstellt (Apoll oder Jupiter).
In der römischen Epoche war Sorano dem Munizipium von Sovana unterstellt.

Vorangehende Seite:
Das eindrucksvolle Panorama

gegenüberliegende Seite:
Der Wachturm

Die Festung der Orsini

Sorano im Mittelalter

Die ersten historischen Hinweise nach dem Fall des römischen Reiches belegen, dass der Ort von den Truppen des Ariulf, des langobardischen Herzogs von Spoleto, besetzt worden ist.

Etwa im achten Jahrhundert ging Sorano in den Besitz des langobardischen Herzogs von Lucca, Walpert, über.

Danach wurde es im Jahre 862, unter der Herrschaft des Kaisers Ludwig II. der Grafschaft der Aldobrandeschi zugeordnet. Nach den Aldobrandeschi ging es an die römische Familie der Orsini (1312); die Medici wurden 1604 Herren von Sorano, bis 1737 der Ort unter die Herrschaft des Hauses Lothringen kam.

Weil es über viele Jahrhunderte und zu verschiedenen Gelegenheiten Objekt von Streitigkeiten, Belagerungen und Kriegen war, erhielt Sorano den Spitznamen des "Zündhölzchens Italiens".

Dies war auch durch die besondere Lage des Ortes begründet: Er liegt nämlich an den wichtigsten Zugangsstraßen zum Fioratal, die heute noch in Richtung Siena und sein Territorium führen.

Wunderbarerweise wurde der Ort, im Unterschied zu den Orten der Umgebung, nicht von der Malaria heimgesucht. Der fortschreitende Verfall des Tuffsteinfelsens, der den Verfall vieler Häuser mit sich brachte, führte schließlich zum unvermeidlichen Verlassen des Ortes.

Erst in jüngster Vergangenheit konnte Sorano sich wegen seiner unglaublichen landschaftlichen Schönheiten wieder als wichtiges Zentrum der Maremma behaupten.

Die Altstadt

Sorano ist der Ort der Hochmaremma, in dem noch am meisten die komplexe Wohnstruktur des Mittelalters erhalten ist. Der Grund dafür ist die Lage des Ortes, die zum Glück in ihrer Eigenheit jeden Versuch der Modernisierung und Transformation erschwert.

Der Tuffsteinfelsen, auf dem der Ort sich zusammendrängt, hat keine längliche Form, wie man sie gewöhnlich in diesen Orten etruskischer Herkunft vorfindet, sondern ist rund und ziemlich unregelmäßig.

Die Gebäude und Häuser liegen nicht, wie sonst, nur auf dem Felsplateau, sondern auch an seinen steilen Abhängen, so dass die Wohnsiedlung gefährlich nah am Abgrund der tiefen Schlucht des Lenteflusses erbaut ist.

Der alte, über dem Abgrund an drei Wasserläufen und drei tiefen Schluchten gelegene Ort bietet einzigartige, spekta-

Piazza Busatti

Die Tuffsteinstädte

kuläre Ausblicke.

Die felsigen Hügel, die das Dorf umgeben, verleihen mit ihren bizarren Felsenformen der Landschaft einen magischen, von Wesen aus alten Zeiten durchdrungenen Aspekt: Faune, Nymphen, Zwerge und Fabelwesen.

Die interessanteste und eindrucksvollste Art, die Altstadt zu entdecken und kennen zu lernen, ist wahrscheinlich, sich im Gewirr seiner Gässchen zu verlieren, die an den Seiten des Ortes abwärts führen und plötzliche Ausblicke auf Wälder und große Felsmassive bieten, die unvermittelt in ihrer ganzen Pracht der Natur auftauchen.

Panoramaausblick

Die Orsiniburg

Die Burg überragt eindrucksvoll den höchstgelegenen Teil von Sorano. Ihren Haupteingang kann man von der Straße nach S. Quirico aus, der Beschilderung folgend, erreichen.

Dieses beeindruckende Befestigungswerk, das im Lauf der Jahrhunderte mehrfach belagert, aber nie eingenommen wurde, gilt als das größte architektonische Beispiel einer befestigten Struktur des Mittelalters in der Maremma.

Vor dem großen Eingangstor, das nach Süden ausgerichtet ist, liegt ein Graben, über den früher eine Zugbrücke führte, die heute durch eine gemauerte Brücke ersetzt ist.

Die Tuffsteinstädte

Orsini-Festung, Detail

Vorige Seite: Felsbewohnungen aus etruskischer Zeit

Oberhalb des Tors sieht man ein großes Wappen, das die Wappenzeichen der Orsini (Rosen, Stäbe und einen Helm mit dem Bären) und die der Aldobrandeschi (die Löwen) enthält.

Die dort angebrachte Inschrift erinnert daran, dass die Umbauarbeiten des Jahres 1552 von Niccolò IV. Orsini angeordnet worden sind, der wegen seiner wiederholten Kriegszüge bekannt wurde.

Geht man durch den wuchtigen Tunnel hinter dem Eingang, erreicht man einen weitläufigen Platz, an dessen Seiten die Eingänge zu den Ecktürmen der Burg liegen. Mehrere Brunnen in der Nähe der Bastionen sind durch ein ausgeklügeltes unterirdisches System der Zisternen verbunden, die auf verschiedenen Ebenen miteinander kommu-

zine für Proviant, als Ställe und Schmieden.

Von diesem ersten Platz aus kommt man zu einem Tor, das hinter einem zweiten Graben liegt, und betritt den zweiten, kleineren Platz, dessen andersartige Architektur anzeigt, dass es sich hier um die Wohnquartiere der Burgherren handelt. Gleich rechts davon liegt die Palastresidenz der Grafen Orsini.

Hier wurden im Arbeitszimmer von Niccolò IV. manieristische Fresken gefunden, die ländliche und dionysische Szenen mit Putten und fantasievollen Blumendekorationen darstellen. Eines der Fresken zeigt die Partitur eines Liedes im Stil Boccaccios.

Weitere Fresken haben mythische Szenen zum Inhalt (Aeneas und Dido).

Diese Werke sind heute im Versammlungssaal des Gemeindepalastes ausgestellt.

Gegenüber dem gräflichen Palast liegt die alte Schlosskapelle. Hier auf diesem Gebiet des Schosses liegt auch der Eingang zum kommunalen Museum, in dem verschiedene mittelalterliche Keramiken ausgestellt sind, vom frühen 14. Jahrhundert bis zur Zeit der Renaissance des 17. Jahrhunderts.

Am Ende dieses Platzes geht ein eleganter Bogengang mit drei Bögen auf den Weg hinaus, der nach unten zu einem

nizieren.

Bei dem Turm, der links vom Eingang liegt, führen weitläufige Räume in die Kellergewölbe der Burg, in ein wahres Labyrinth von Gängen und Tunneln, die zum Teil noch aus der Etruskerzeit stammen und heute restauriert und wiederaufgebaut werden. Die niedrigen Gebäude an der nordöstlichen Außenseite dienten früher einmal als Maga-

Folgende Seiten:
Sorano-Panorama

weiteren Eingangstor der Burg führt, das nach Norden ausgerichtet ist.
Geht man die Treppe entlang, so hat man einen schönen Ausblick auf das Lentetal und das vielfältige Spiel der Dächer des Ortes.

Der Orsinipark

Dieser Park gehört mit dem von Pitigliano und Bomarzo zu den wenigen manieristischen, bizarren Gärten, die die Orsini zum Ende des 16. Jhdts. anlegen ließen.
Eine bis ins Exzentrische gesteigerte Lust am Phantastischen ließ diese Gärten entstehen, die von Fabelwesen und menschenähnlichen Ungeheuern im Schatten exotischer Pflanzen und Jahrhunderte alter Bäume bevölkert waren.
Der Orsinipark von Sorano befindet sich in der Nähe des Südeingangs der Burg; man erreicht ihn über ein Pfädchen, das zur Ostspitze des Verteidigungsgrabens führt.

Der größte Teil der Skulpturen ist verlorengegangen oder noch in der Erde vergraben, man sieht jedoch drei Throne mit Monstergesichtern, die Reste eines Brunnens und einiger Felsensitze in bizarren Formen. (Wenn man den Park besichtigen will, sollte man sich an das Fremdenverkehrsbüro wenden).

Die Kirche von S. Nicolò

Vom Hauptplatz des Ortes, der Piazza Busatti, aus durchquert man einen Bogengang, der auf das Tal hinausgeht; man sieht die westlichen Hügel um Sorano mit ihren großen erodierten, löchrigen Felsen und die dichte Mittelmeer-Macchia. Von der Piazza Busatti aus geht man durch das Eingangstor der Altstadt. Nach wenigen Metern liegt rechts die Kirche von S. Nicolò.
Das Gebäude geht auf das 11. Jhdt. zurück, aber bei den umfassenden Restaurierungsarbeiten im 18. und 19. Jhdt. wurden seine ursprünglichen romanischen und mittelalterlichen Elemente fast vollständig ausgelöscht.
Die S. Nicolò gewidmete Kirche

Sorano

ist in Wirklichkeit S. Nicola von Bari geweiht, dem Bischof von Myra in Kleinasien, dessen sterbliche Überreste nach Apulien gebracht wurden, als Myra in die Hände der Araber fiel.

Besonders interessant ist im Inneren der Kirche ein einzigartiger Altar, der aus einem massiven Tuffsteinblock ohne jegliche Spur der Bearbeitung besteht und bei dem es sich sicherlich um einen antiken sakralen Stein handelt, dessen Geschichte im Lauf der Jahrhunderte verloren gegangen ist.

Auch ein Kreuz aus dem 17. Jhdt. ist erwähnenswert; es wurde von Cosimo III. de' Medici gestiftet, sowie ein großes Taufbecken aus dem 16. Jhdt.

Darüber hinaus ist ein Renaissancebild von Raffaello Vanni

Der historische Kern der Festung

Die Tuffsteinstädte

(1587-1657) zu sehen, das den heiligen Dominikus, von der Muttergottes gestützt, darstellt.

In der Krypta der Kirche wird eine Urne mit den Gebeinen der heiligen Felicissima aufbewahrt, die früher einmal Schutzpatronin der Kirche und des Ortes Sorano war.

Im Keller des Gebäudes befindet sich eine antike Nekropole, deren Existenz zu der Annahme geführt hat, dass dieser Platz schon vor der Zeit der Christianisierung als heilig angesehen wurde.

Der Palazzo Comitale

Neben der Kirche S. Nicolò befindet sich ein eleganter kleiner Renaissancepalast, der früher, neben der bereits beschriebenen im Schloss, als Residenz der Orsini diente (s. Orsiniburg).

Den Eingang zum Palazzo Comitale bildet ein raffiniertes Portal aus Travertin, das mit den Wappenrosen und dem Halsband des Hauses Orsini dekoriert ist. Eine Inschrift am Sturz erinnert an Ludovico, den Sohn von Niccolò III.

Verteidigungsbastionen der Orsini-Festung

Der Innenhof gibt trotz verschiedener Erneuerungen fast originalgetreu das ursprüngliche Ambiente der Renaissance wieder, in dem die harmonische, ausgewogene architektonische Ausstattung des unteren Bogengangs auffällt, auf dem sich die Treppe aufbaut, die zur oberen Loggia führt, die mit einer Reihe kleiner Säulen ausgestattet ist.
Auf dem Dach des Gebäudes sieht man mehrere eigenartige, rustikale Kamine.

Der Leopoldsfelsen

Hinter dem Palazzo Comitale sieht man oben den Uhrenturm, ein kleines, schlankes Türmchen mit einer Uhr und einer kleinen Glocke darüber.
Dieses charakteristische Türmchen steht am äußeren Punkt des Masso Leopoldino, eines der eigenartigsten Monumente von Sorano. Es besteht aus einem enormen Tuffsteinmassiv, der seit Urzeiten das Dorf mit seinem riesigen Umfang überragt.
Hier befand sich vermutlich in der Etruskerzeit einmal eine Akropolis, denn dies ist der höchstgelegene Punkt des Ortes.
Im 18. Jhdt. ließ Leopold von Lothringen das Felsmassiv befestigen.
Es wurde in eine mehr oder weniger rechteckige Form gebracht und mit Strebe- und Stützmauern verstärkt. Einige Gässchen der Altstadt führen um die Basis des Massivs; hier kann man gut seine enormen Proportionen erkennen, und überdies seine einzigartige Schiffsform, dessen Bugmast der kleine Uhrenturm bildet.
Oben auf dem Felsen befindet sich eine weite Terrasse, von der man einen einzigartigen Rundblick von 360 Grad über

Skulpturen im Orsini-Park

Sorano und seine vulkanischen Schluchten hat.
Wenn man diese Terrasse besichtigen will, sollte man sich an das Fremdenverkehrsbüro oder ans Rathaus wenden.

La Porta dei Merli (Das Zinnentor)

Wenn man unter dem Masso Leopoldino vorbei durch die Gässchen auf der Nordseite geht, kommt man an das antike Stadttor, die Porta dei Merli. Das Tor bezieht seinen Namen von den drei zinnenförmigen Tuffsteinblöcken, die an seiner Spitze angebracht sind.
Zwei lange schmale Schlitze, durch die die Ketten liefen, belegen, dass das Tor einmal mit einer Zugbrücke ausgestattet war. Heute verläuft an dieser Stelle der Weg ins Tal.
An der Außenfassade des Tores fällt ein großes barockes Wappen aus Travertinstein auf, das die Orsinizeichen von Niccolò IV. und die Medicizeichen von Cosimo II. trägt; einige seltsam dämonische Masken äugen zwischen den Wappen hervor, wohl um ungebetene Besucher zu vertreiben.
Wenn man durch das Tor hinausgeht und das Dorf hinter sich lässt, gelangt man ins Lentetal, das von zahlreichen Eingängen zu Felsgrotten,

etruskische und römische Räumlichkeiten, die heute als Keller oder Magazine benutzt werden, flankiert wird.
Das von dichtem Wald und hohen Felsen umgebene Tal ist landschaftlich sehr reizvoll. Die drei Wasserläufe, die hier zusammenkommen (Lente, Cercone, Castelsereno), sind mit alten Brücken überbaut

Sorano

Orsini-Festung Burggraben

und von kleinen gepflegten Gärtchen umgeben, im Schatten von Walnussbäumen, Kastanien, Pappeln und der üppigen Macchia.

Folgende Seite: Hohlweg S. Rocco

Die Umgebung von Sorano

Die Nekropole von S. Rocco

An der Landstraße nach Sovana, zwei Kilometer hinter Sorano, verweist ein Schild auf die Kirche von S. Rocco.

Über einen bequemen Weg erreicht man die Kirche von S. Rocco, die vermutlich schon sehr alt ist und kürzlich restauriert wurde. In ihrem Inneren sind über dem Hauptaltar Fresken aus dem 17. Jhdt. zu sehen, die die Muttergottes darstellen.

Hinter der Kirche sind zwei typische Eingänge zu etruskischen Hohlwegen zu erkennen. Der größere der beiden, der durch den Wald ins Tal führt, ist der Hohlweg von S. Rocco, die bekannteste "Tagliata" von Sorano, mit hohen, präzise behauenen Wänden, Seitenarmen und einigen Inschriften aus dem Mittelalter.

Der andere Hohlweg hingegen ist kleiner und verbindet S. Rocco mit dem nächstgelegenen Hügel, Le Rocchette, an dem sich zahlreiche interes-

Nekropole S. Rocco

Die Tuffsteinstädte

sante Fundstücke aus der Etruskerzeit und aus dem Mittelalter befinden.

Lässt man die Kirche hinter sich und folgt dem Hauptpfad des Hügels, kommt man zu einer weiten grasbewachsenen Fläche.

Hier sind auf dem felsigen Grund die zerfallenen Reste antiker Felsstrukturen zu erkennen: Einige runde Löcher, die in den Tuff eingeschlagen sind und in denen einmal Pfähle angebracht waren, sind die kargen, aber wichtigen Anzeichen einer Siedlung des Altertums.

Am äußeren Rand der Fläche, vor einer tiefen Schlucht, geht man zwischen Felsgrotten abwärts, die von der Prähistorie bis ins Mittelalter benutzt worden sind.

Der Weg führt über eine Reihe von Stufen auf eine darunter liegende Terrasse, auf der sich reihenförmig angeordnete Felsengräber befinden.

Interessant, wenn auch rätselhaft, sind die Anzeichen einer fortwährenden Benutzung dieser Räume: Nischen und Aushöhlungen verschiedenster Art und Größe in den Wänden bezeugen, dass hier

Typischer Hohlweg

im Laufe der Jahrtausende verschiedene Völkerschaften durchgezogen sind.
Wenig später kommt man zu einer majestätischen Gruppe von drei Höhlen, die in den gleichen Felsen geschlagen sind. Es handelt sich hierbei vermutlich um Felsengräber aus der frühen Etruskerzeit. Schließlich gelangt man über eine enge, in den Felsen geschlagene Treppe zum höchsten Punkt des Hügels. Von hier aus hat man den vollständigsten und eindrucksvollsten Ausblick auf die Südwestseite von Sorano. Der Blick schweift über das Lentetal, über die Wälder und tiefen vulkanischen Schluchten, die sich in der Ferne verlieren.

Das Castellaccio (S. Carlo)

Folgt man dem Weg, der durch das Zinnentor in Richtung Talgrund führt, und überquert die beiden aufeinander folgenden Brückchen über die Lente, hält man sich anschließend rechts in Richtung eines hohen waldbestandenen Hügels, so sieht man oben den dunklen Eingang einer Felsengrotte. Am Fuß des Hügels mündet der Weg direkt in einen etruskischen Hohlweg.
Die "Tagliata" erreicht die Anhöhe, auf der sich die Reste einer mittelalterlichen Burganlage und zahlreiche Felsengräber aus der Etrusker- und Römerzeit befinden.

Castelvecchio

Verlässt man Sorano in Richtung Castell'Azzara, erreicht man nach ca. zwei Kilometern einen Punkt unterhalb eines langen, ausgedehnten Felsmassivs mit spitzen Felsen in fantastischen Formen, die wie surrealistische Skulpturen aussehen, aber von den Elementen der Natur geschaffen worden sind.
Über einen Weg, der an einer Reihe von terrassenartig angelegten Gärten vorbeiführt, erreicht man die Westspitze des Hügels, die völlig von einer dichten Vegetation aus Steineichen bedeckt ist.
Große Abschnitte einer Befestigungsmauer, die an die Felswand angebaut wurden, definieren die Form dieser einzigartigen Befestigung, die als Castelvecchio bekannt ist; sie stammt wahrscheinlich aus der langobardischen Epoche, ist also vor dem Jahre Tausend erbaut worden.
Der Platz ist interessant wegen seiner Ruinen aus dem Mittelalter (Zisternen, Mauern, gotische Fenster) und wegen der Struktur der Burg, die geschickt auf den etruskischen Fundamenten aufgebaut ist.
Besonders sehenswert sind

einige weite Höhlen, frühere Etruskergräber, auf der Hügelspitze, von der aus man wiederum einen schönen Ausblick auf die Nordseite von Sorano und das Lentetal hat.
Diese Burg, wie auch Castellaccio und Le Rocchette, diente mit Wachtürme zur Kontrolle des Territorium, vor allem der Täler (Lente und Cercone), die den Übergang ins senesische Gebiet ermöglichten.

Die Nekropole am Calesine

Die vulkanische Schlucht, in der der Calesinebach verläuft, weist zahlreiche etruskische Ansiedlungen auf. An der Kreuzung Sorano-Elmo fährt man in Richtung Elmo; in der ersten Senke befindet sich eine der wichtigsten etruskischen Ansiedlungen Soranos.
Bei den Ausgrabungsarbeiten der fünfziger Jahre kamen die Grabausstattungen zahlreicher Gräber der orientalischen Epoche zum Vorschein (6. - 5. Jhdt. v. Chr.). Am Graben des Calesine entlang liegen mehrere Nekropolen kleineren Ausmaßes, die hauptsächlich aus Kammergräbern mit einem Dromos als Eingang bestehen. Der interessanteste Weg führt über die Pfade, die sich an der Nordseite des tiefen Tals entlangschlängeln. Auf der Spitze des Hügels, links von der Calesine-Brücke, (wenn man von Sorano kommt), sieht man eine Reihe hintereinanderliegender, interessanter Gräber, von einer antiken Tempelanlage flankiert, die aus mehreren großen, zusammenhängenden Felsblöcken besteht, auf denen Nischen und andere Aushöhlungen, die sakralen Zwecken dienten, zu sehen sind.

S. Maria dell'Aquila (Die Quellen von Filetta)

An der Straße nach Pitigliano, etwa drei Kilometer von Sorano entfernt, biegt ein Feldweg zu dem Ort ab, der im Volksmund als "Bagni di Filetta" bekannt ist.
Bis vor wenigen Jahren waren diese heißen, eisenhaltigen Quellen zu jeder Jahreszeit besucht, und wahrscheinlich war dieser Platz schon in der Antike bekannt. Die beiden Becken, deren Alter nicht genau feststeht, da sie oft restauriert worden sind, liegen auf offenem Feld, an einem idyllischen Fleckchen. Seit einigen Jahren fließt das Wasser nicht mehr, aber dennoch besitzt der Ort einen einzigartigen Reiz, der auch von der nahen Kirche S. Maria dell'Aquila (12. - 13. Jhdt.) herrührt, die vor kurzem restauriert worden ist. Zur Zeit entsteht auf diesem Gebiet ein Kurzentrum.

Die Orte im Gemeindegebiet von Sorano

Vitozza (S. Quirico)

Am Ortsrand von S. Quirico befindet sich auf einem abgelegenen, weitläufigen und bewaldeten Felsplateau Vitozza, das mit seinen über 200 Grotten eine der größten Felssiedlungen Italiens ist. Man erreicht es, der Beschilderung folgend, direkt von S. Quirico aus.

Die erste Besiedlung des Felsen geht auf die Prähistorie zurück, als in Löchern, die in den Felsen geschlagen wurden, die Stützpfähle der primitiven Wohnstätten befestigt wurden. Diese kreisförmigen Löcher, sowie Zisternen im Felsen, einfache Kanalisierungsarbeiten und andere Zeichen aus dem Altertum, sind gut an verschiedenen

Vitozza: Eselsgrotte

Die Tuffsteinstädte

Vitozza: Kolumbarium

Stellen des Ortes zu sehen.
Die oft riesigen Höhlen sind mit Nischen und Aushöhlungen aller Art und Epochen im Felsen ausgestattet; sie beweisen, dass sie durchgehend benutzt worden sind.

In einigen Grotten, die bewohnt waren, sieht man die Schlitze, in denen Liegestätten und erhöhte Podeste befestigt waren; auch rustikale Wandschränke und Feuerstellen zum Kochen waren vorhanden.

Die alten Einwohner von S. Quirico können sich sogar zum Teil noch an die Namen

Die Umgebung von Sorano

der letzten Bewohner dieser Höhlen erinnern.

Ein Teil dieser Grotten soll im Zusammenhang mit einer frühen Nekropole entstanden sein, wahrscheinlich aus der Etruskerzeit.

Auf der oberen Ebene, die von drei Gräben unterteilt wird, stand das antike Vitocia, ein Dorf von beachtlichen Ausmaßen, in der Mitte des 15. Jahrhunderts, waren die Bewohner gezwungen den Ort aufzugeben, den die Senesen zerstörten, um ihn nicht den Orsini zu überlassen. Dabei schleiften sie seine Mauern, Türme, Befestigungen und Wohnstätten.

Heute sind noch die Ruinen von zwei massiven militärischen Forts zu erkennen, die sich beide an den jeweiligen Verteidigungsgräben befinden.

Längs des Weges, der an der Südwestseite vorbeiführt befindet sich in der Nähe des zweiten Grabens ein einzigartiger Turm, der in den Felsen geschlagen ist und ehemals zur anliegenden Befestigungsanlage gehörte.

Auf der oberen Ebene, etwa auf halber Strecke, liegen die Reste der Chiesaccia, der Ruine einer Kirche, geweiht dem S. Quirico, aus dem 13. Jhdt., die einmal die wichtigste Kirche von Vitozza war. Die Überreste einer anderen Kirche, S. Angelo geweiht, befinden sich am Ende des Dorfes, jenseits des dritten Verteidigungsgrabens.

Zwei antike Eingangstore zum Wohnort liegen an der Westseite, auf verschiedenen, terrassenförmig angelegten Ebenen.

Geht man hinter dem zweiten

Folgende Seite:
Lentequelle

Die Umgebung von Sorano

Mauergraben nach unten, erreicht man ein weitläufiges Kolumbariengrab von beachtlichem Interesse, mit großen, sorgfältig gearbeiteten Grabnischen.

Ein zweites kleineres Kolumbarium befindet sich am Ende des Hügels, vor dem dritten Graben.

Der Weg durch Vitozza bietet ein weiten und detaillierten Überblick über die Wohnstätten und Felsengrotten aus verschiedenen Epochen, aber er ist auch landschaftlich sehr attraktiv, da er durch ein unberührtes Waldgebiet von beachtlicher Schönheit führt.

Der Hügel liegt zwischen zwei tiefen Schluchten; durch die nordöstliche strömt der Lentefluss, der in der Nähe bei der

Vorige Seite:
Vitozza,
im Inneren
einer Grotte

Vorige Seite:
Lentequelle
Fosso del Bicchiere

Castell'Ottieri,
Hauptturm

Ruine eines alten Aquädukts und einer Mühle entspringt; sein Quellwasser ist kristallklar.

Castell'Ottieri

Man erreicht den Ort von der Straße aus, die von Sorano nach Castell'Azzara führt. Castell'Ottieri ist ein kleiner alter Ort auf einem Tuffsteinfelsen; sein Ursprung geht, wie verschiedene Felsensiedlungen und die Reste kleiner verstreuter Nekropolen in seiner Nähe zeigen, auf die Antike zurück. Der Ort hat zum Teil noch den Mauerring und die Befestigungen, die ihn von allen Seiten schützten.

Besonders interessant ist die große Burg, die der Familie Ottieri gehörte und von der noch ein viereckiger Turm, ein Wachturm und Teil der Mauern übrig ist.

Im Dorf befindet sich die spätromanische Kirche von S. Bartolomeo, an deren Außenmauern einige interessante Rahmenstücke zu sehen sind, mit Halbreliefs, die, im raffinierten romanischen Stil, Tiere und Blumen darstellen.

Die Kirche besitzt auch Renaissancefresken aus der senesischen Schule. Erst vor kurzer Zeit wurde auf einem dem Dorf gegenüber liegenden Hügel eine interessante Felssiedlung religiöser Natur entdeckt, die auf die Zeit der ersten Asketen um die Jahrtausendwende zurückgeht.

S. Giovanni delle Contee

Dies ist eines der letzten Dörfer, die in dem geologischen Gebiet liegen, das "das Areal des Tuffsteins" genannt wird; jenseits dieses Ortes beginnen, in der Nähe des Sieletals, die Lehmhügel.

Diese Hügel von grau-weißer Farbe sind von tiefen Erdrissen zerfurcht, die durch die Biegsamkeit der Tonerde entstehen. Die Formation der Hügel geht auf die Urzeit zurück, in der das Meer diesen Teil des Inlands bedeckt hatte, weshalb das Gebiet reich an Fossilien ist, vor allem aus dem Meer.

Von der mittelalterlichen Anlage des Ortes sind noch einige Gebäude erhalten, darunter die "Casa Reale" (das königliche Haus), über dessen Eingangsbogen man eine Skulptur sieht, die einen grotesken Kopf darstellt.

Auf dem umliegenden Land findet man zahlreiche Gruppen von reihenartig angeordneten Grotten, die manchmal regelrechte Felssiedlungen bilden (loc. Riparelle).

Montorio

Das Schloss von Montorio liegt an der Straße, die von Sorano zur Cassia führt.

Die Umgebung von Sorano

Die Tuffsteinstädte

Die im Lauf der Jahrhunderte mehrmals restaurierte Burg bietet ein eindrucksvolles Bild und ist gut erhalten, wenn auch verschiedene Teile des ursprünglichen Schlosses durch Mauern jüngeren Datums ersetzt worden sind.

Historisch trat das Schloss vom 13. Jhdt. an ins Zeitgeschehen, als kleines, unabhängiges Lehen, das vom Hause des Grafen Bartolomeo erhalten wurde.

Später, geschwächt durch den ständigen Druck von Seiten der Nachbarn (der Baschi und Orvietos) wurde es im 14. Jhdt. Siena untergeordnet.

Zwei Türme rahmen die Burganlage ein, die von einem tiefen Graben umgeben ist. Im Inneren sind ein Brunnen mit zeitgenössischen Dekorationen und eine gotische Kapelle zu sehen.

Grotten und Einsiedeleien aus dem frühen Christentum befinden sich in der Nähe des Loco dei Frati, bei der Ruine der Burg von Sopano; einige Grotten weisen alte Inschriften und Zeichen an den Wänden auf.

Der Monte Elmo

Dieser Berg (883 m) überragt die Nordseite des mittleren Fioratals mit seinem unverwechselbaren Massiv, das wahrscheinlich an einen groben antiken Helm (Elmo) erinnert. Aber es ist eher wahrscheinlich, dass der Berg seinen Namen vom Kloster Montecalvello bezieht, von dem die Überlieferung des Volksmundes berichtet, dass dies die Einsiedelei Papst Gregors VII. gewesen sei.

Die Abhänge des Berges sind weitläufig mit Eichenwäldern und Schlagwald-Macchia auf Lehmboden bewachsen. Die Fruchtbarkeit dieser Wälder bietet verschiedenen Arten der Fauna einen idealen Lebensraum.

An seiner Südwestflanke liegt entlang eines Grats der Ort Montebuono, der, wie der Name sagt, wegen seiner guten Lage bekannt ist.

In diesem Dorf von antikem Ursprung befindet sich die Ruine eines Schlosses, das der Familie der Aldobrandeschi

Vitozza: reste der Mauern

gehörte und später an die Senesen überging, von diesen zerstört und dann aufgegeben wurde.

Montebuono liegt oberhalb des Flusses Fiora, dessen Umgebung in diesem Abschnitt, wegen des fast völligen Fehlens von Ortschaften und dadurch natürlichen Erhaltung seines landschaftlichen Habitats von besonderer landschaftlicher Schönheit ist.

An der Nordostseite des Monte Elmo liegt der kleine Ort Montevitozzo (668 m), bekannt wegen der Ruinen einer bedeutenden Grenzburg, die auf dem höchsten Punkt des Berges lag: die so genannte Roccaccia von Montevitozzo (926 m).

Die Ruinen einer Burganlage von beträchtlichen Dimensionen blicken auf die Maremma in einem der weitesten Rundblicke des Gebiets. Bei klarer Sicht sieht man von hier aus Korsika, Elba, den Gran Sasso, kurz gesagt, das gesamte Mittelitalien.

Die Roccaccia (12. - 13. Jhdt.), von der noch Teile eines Turms und die verfallenen Mauern aus kleinen, schnurförmig angeordneten Steinen erhalten sind, ist wahrscheinlich in einem der ständigen Scharmützel zerstört worden, die durch die Expansionsbestrebungen seitens der Republik Siena und ihrer Verbündeten verursacht wurden.

Auf einer kleinen erhöhten Plattform an der Ostflanke des Monte Elmo liegt S. Valentino, ein kleines Dorf in der Nähe von Sorano.

Am Fuß des Dorfes wurden im Graben des Cerconebachs eine Reihe enger Gänge entdeckt, die wahrscheinlich aus der Etruskerzeit stammen und sich in Richtung Sorano, Vitozza und anderer umliegender Ortschaften verzweigen. Einige dieser Gänge sollen kilometerlang sein und die Reste antiker unterirdischer Anlagen bergen.

Im Ort Case Rocchi bei S. Valentino gibt es eine interessante etruskische Nekropole (5. - 4. Jhdt. v. Chr.) mit einigen monumentalen Würfelgräbern, die besondere symbolische Dekorationen aufweisen. Sie liegen im Tal an der Nordseite des Ortes.

In der unmittelbaren Nachbarschaft von Case Rocchi befindet sich die Ruine von Castelsereno; auch dieses Schloss wurde vermutlich von den Senesen zerstört.

Über dieses Schloss gibt es verschiedene lokale Geschichten und Legenden, die von Schätzen und geheimen Durchgängen berichten.

Das gesamte Gebiet, das sich von S. Valentino bis Sorano erstreckt, ist gekennzeichnet von tiefen vulkanischen Schluchten, die von bewundernswerter Schönheit und

Die Tuffsteinstädte

Die Madonna erscheint Veronica Nucci

Einzigartigkeit und reich an Wäldern und ungewöhnlichen Ausblicken sind.

Cerreto und Montesorano

Diese beiden Orte befinden sich unmittelbar außerhalb von Sorano, an der Straße nach S. Quirico. Cerreto, wie sein Name (Eichenwald) besagt, ist ein kleiner ländlicher Ort, wo jahrhundertealte Eichen und Zereichen ihre grüne Krone ausbreiten.

Der Ort ist wegen einer Erscheinung der Madonna im letzten Jahrhundert bekannt, die von Veronica Nucci, einer Hirtin aus der Umgebung, gesehen wurde. An der Stelle, wo das Wunder geschah, steht heute eine Wallfahrtskirche und ein Kloster der Karmeliterinnen. Montesorano ist ein kleiner runder Hügel, der an der Straße gegenüber von Cerreto liegt. Die antike Gründung dieses kleinen Ortes ist durch eine Anzahl von nacheinander angeordneten Grotten bewiesen, die heute als Abstellräume benutzt werden.

PITIGLIANO

Aus den Ergebnissen der jüngsten Ausgrabungsarbeiten (1982-83) geht hervor, dass Pitigliano schon in der Frühgeschichte während verschiedener Phasen der Bronzezeit (2000-1000 v. Chr.) besiedelt war.

Man nimmt an, dass die Entwicklung dieser Ansiedlungen sich auf die erste Bearbeitung von Metallen und der Ausnutzung der speziellen Morphologie des Territoriums konzentrierte.

Pitigliano befindet sich am Zusammenfluss dreier Wasserläufe, von Lente, Procchio und Meleta. Der Wasserreichtum und die hohe und gut zu verteidigende Lage des felsigen Hügels trugen zur Entstehung und Entwicklung kleiner, prosperierender Gemeinschaften bei.

Die zahlreichen Quellen, unterirdischen Wasseradern und die heißen Thermalquellen waren und sind heute noch wichtige Energiequellen. Wiederholte Funde aus der ersten Eisenzeit (1000 v. Chr. ca.) bezeugen die verbreitete Anwesenheit von Kleinstgemeinschaften im Territorium, die der als kulturelle Fazies

*Vorige Seite
Panoramaausblick
auf Pitigliano*

*Ausblick auf den
Medici-Aquädukt*

Orsini-Palast

Die Tuffsteinstädte

Bucchero-Vase ausgestellt im Museo Civico Archeologico

kampagne eine große Menge von Inschriften auf Vasen, in einer als tyrrhenisch oder voretruskisch definierten Schrift zu Tage brachte und so der traditionellen Legende von der östlichen Abkunft der Etrusker gehörigen Nachdruck verlieh.

Der etruskische Name Pitiglianos ist nicht bekannt; wahrscheinlich handelt es sich um Statnes (oder Staties), das in der Römerzeit zur Präfektur wurde und den Namen Statonia erhielt.

Der Name Pitigliano hingegen stammt von der Gens Petilia, einer bedeutenden römischen Familie, die ihren Namen verschiedenen Orten verliehen hat (Petilia in Kalabrien, Pitigliano in Umbrien, Rocca Pitigliana in Emilia).

voretruskischer Art angesehenen Villanovazeit zugeordnet werden.

Aber um das 8. Jhdt. v. Chr. nehmen Pitigliano und seine Umgebung einen völlig neuen Aspekt an, dank des wiederholten Aufblühens stark fortschrittlicher kultureller Züge.

Wahrscheinlich war diese Veränderung das Ergebnis vielfältiger Faktoren, unter denen die Ankunft organisierter Etruskergruppen, die aus den Zentren von Vulci und Bolsena kamen, einer der wichtigsten war.

Vieles liegt noch im Dunklen, was die Herkunft des etruskischen Volkes betrifft, auch wenn eine kürzlich auf der vor Troja liegenden Insel Lemnos durchgeführte Ausgrabungs-

Die Altstadt

Eine sicherlich einprägsame Art, Pitigliano kennen zu lernen ist, es von weitem, entweder von Madonna delle Grazie aus (die Südseite) oder von der Straße nach Sovana (die Nordseite) zu betrachten.

Schon auf den ersten Blick wirkt es sehr originell: Der mittelalterliche Teil präsentiert sich vollständig erhalten, mit seinen Tuffsteinhäusern in den verschiedensten Formen, oft windschief, lang, schmal und ungewöhnlich gesetzt,

Pitigliano

Der Ondini-Wasserfall auf den Fluss Lente

mit seinen übereinandergetürmten Dächern, in einer harmonischen, aber, was die Fluchten betrifft, kompletten Unordnung.

Der langobardische Turm mit seiner zinnengekrönten Spitze thront über der Stadt mit seinem unwidersprochenen Geist der alten Zeiten.

Der Tuff, ein vulkanischer Stein, ist das konstante Wahrzeichen, das überall zu finden ist: vom Fuße des Felsens bis hinauf zu seiner Spitze, wo die Häuser, der Turm, die Kirchen und jedes Gebäude unfehlbar aus dem gelblichen oder (seltener) rötlichen Tuffstein bestehen.

Das alte Eingangstor des Ortes, das einmal mit einer Zugbrücke ausgerüstet war, ist von einem massiven Wappenschild in Travertinstein gekrönt, das auf das Jahr 1545 zurückgeht und die Inschrift Gianfrancesco III. Orsini, Graf von Pitigliano, trägt.

Ein weiteres, ähnlich gestaltetes Wappen befindet sich an den Bastionen der Nordostseite der Burg. Diese großen, pompösen Wappen erinnern an die lange, schwierige Regierungszeit des Hauses Orsini, die hier, wie auch im Großteil der Maremma, drei Jahrhunderte andauerte.

Die Tuffsteinstädte

Die große Maske am Brunnen der Piazza della Repubblica

Pitigliano im Mittelalter

Mit dem Fall des römischen Reiches begann auch für seine Provinzen der Niedergang und die zwangsweise Unterwerfung unter die Invasoren, die aus dem Norden und Osten kamen.

Es gibt in Bezug auf Pitigliano keine historischen Belege aus dem frühen Mittelalter. Trotzdem nimmt man an, dass mehr oder weniger das gesamte Hügelgebiet im mittleren Fioratal sich mindestens seit dem 8. Jhdt. n. Chr. in langobardischer Hand befunden hat.

Die langobardischen Herzöge von Lucca waren die Herren dieser Ländereien und siedelten, wie man annimmt, die Familie Aldobrandeschi hier an, deren Herrschaft mindestens vom Jahre 862 bis 1312 dauerte.

Die letzte Erbin des Hauses Aldobrandeschi war Margherita, die Ehefrau des Guido von Montfort, des welfischen Landvogts des Königs Karl von Anjou.

Mit dem Tode Margheritas (1312) endete daher die Dynastie der Aldobrandeschi. Als Anastasia, die Tochter Margheritas, Romano Gentile Orsini heiratete (1293), begann die Regierungszeit und der Aufstieg der Familie Orsini, eines adligen Hauses aus Rom, das dank der Vetternwirtschaft Papst Niccolòs III. (Giovanni Gaetano Orsini) zur wichtigsten Hochburg der welfischen Politik in Rom geworden war.

Die Jahrhunderte unter der Herrschaft der Orsini waren für Pitigliano und seine Bewohner gekennzeichnet durch innere Zwistigkeiten zwischen den örtlichen Herren und auch von den fortgesetzten Auseinandersetzungen mit den aggressiven Nachbarstaaten Orvieto und Siena.

Soziale Ungerechtigkeiten waren an der Tagesordnung; lange galt das jus primae noctis; es fehlte nicht an Volksaufständen, denen es in einigen Fällen sogar gelang, die Grafen Orsini aus Pitigliano zu vertreiben.

Aber es mangelte auch unter den Orsini nicht an Persön-

Folgende Seite: eindrucksvolles Panoramabild

Die Tuffsteinstädte

lichkeiten wie Graf Niccolò III., die unvergessen waren wegen ihres Mutes, den sie in der Verteidigung des Landes mit heroischem und tapferen Einsatz bewiesen.

Im Jahre 1604 ging die Grafschaft Pitigliano in die Hand von Cosimo de' Medici aus Florenz über.

Schließlich wurde das Gebiet in der ersten Hälfte des 18. Jhdts. dem Großherzogtum Toskana angegliedert, unter der Regierung des Hauses Lothringen.

Die Orsiniburg

Diese eindrucksvolle Burganlage, die in der Zeit der Aldobrandeschi begonnen wurde, diente ursprünglich dem Zweck, die schwächste und exponierteste Seite des Ortes zu verteidigen, das heißt die Stelle, an der sich der Felsen, auf dem Pitigliano steht, an die Ebene anschließt. An diesem Punkt befand sich der natürliche Eingang zum Ort, der überall sonst von steilen Abhängen über dem Tal geschützt war.

Im Laufe der Jahrhunderte wurde die Befestigungsanlage erweitert und verändert, so dass die ursprüngliche, durch Maueraufbauten und weitere Bastionen vergrößerte Struktur nicht mehr leicht zu erkennen ist.

Im Jahre 1545 führte Antonio

Der Innenhof des Orsini-Palastes

Im Inneren des Museums Palazzo Orsini

da Sangallo der Jüngere umfangreiche Befestigungsarbeiten an der gesamten Burg durch.

Durch das alte Eingangstor des Ortes betritt man die Piazza del Comune (Rathausplatz), auf dem rechts zwei lange Renaissancetreppen nach oben führen, eine zur Zitadelle, einem antiken Plätzchen, an dem sich einmal die Quartiere der Militärs befanden, die die Passage der unterhalb liegenden Straße nach Sorano kontrollierten; die rechte Treppe führt zu einer langen schmalen Brücke, die oberhalb der Straße nach Sorano die Burg mit dem Hügel und dem Plateau verbindet, von denen sich der Felsen von Pitigliano abhebt und wo heute die Neustadt steht.

Diese 1861 erbaute Brücke nimmt den Platz eines Teils des alten Aquädukts aus dem 17. Jhdt. ein, dessen noch existierender Trakt an den Bögen zu sehen ist, die die Straße zur Piazza della Repubblica flankieren.

Auf diesem Platz steht der so genannte Palazzo Orsini. Die ursprüngliche Burganlage der Aldobrandeschi ist fast vollständig modifiziert worden durch die Arbeiten, die im 15. und 16. Jhdt. unter den Orsini ausgeführt worden sind.

Die Spitze der Gebäudes ist

Die Tuffsteinstädte

von einer Serie von Zinnen gekrönt, die den klassischen Aspekt der Burg als Verteidigungsanlage und militärische Struktur wiedergeben.

Die Skulptur eines Löwen steht vor dem Zugangsweg zum Eingang des Palastes. Oben über dem Eingang sieht man eine Loggia mit vier kleinen Säulen im typischen Stil der Renaissance. Auf dem Wachturm neben der Loggia sind zwei Wappenschilde aus der Zeit der Orsini zu erkennen; in dem oberen erblickt man einen Zirkel, das traditionale Symbol der Baumeisterkorporationen, aus denen die Logen der Freimaurer hervorgegangen sind. Besonders interessant ist der elegante Innenhof des Palastes, in dem sich ein sechseckiger Brunnen befindet, der auf jeder Seite die Orsiniwappen zeigt: Die Symbole des Hauses waren der Bär, die Rosen und die diagonalen Stäbe, während die Löwenfiguren zur Familie Aldobrandeschi gehörten und erst später von den Orsini assimiliert wurden, dank der Hei-

rat zwischen Anastasia und Romano Gentile Orsini (1293). Von besonderer Bedeutung ist das Hauptportal, das in den Palazzo Orsini führt (14.-17. Jhdt.), den heutigen Bischofssitz, und an seiner Südseite liegt. Die Türpfosten aus Travertin enthalten eine Serie von Halbreliefs aus der Renaissance, an der Grenze zum Manierismus. Die Blumen- und Fruchtmotive sind nicht nur Dekoration, sondern symbolisieren auch Blüte und Reichtum, während die Helme und Schilde auf die militärische Macht und den kriegerischen Mut anspielen.

Am Türsturz sind zwei Hände abgebildet, die ein Stachelhalsband halten, in Erinnerung an den Treuepakt, den Graf Niccolò III. mit der Republik Venedig geschlossen hatte.

Im Palast ist eine Sammlung antiker religiöser Gegenstände zu sehen. Eine weitere Sammlung von etruskischen, römischen und mittelalterlichen Fundstücken ist ins städtische Museum verlegt worden.

Bei einem Besuch des Nordflügels des Orsinipalastes kann man außer der besonderen Architektur im Inneren des Schlosses die weiten Säle mit ihren freskengeschmückten Decken bewundern.

Hier sind auch zwei religiös inspirierte Ölgemälde des pitiglianesischen Malers Francesco Zuccarelli (1702 - 1788) zu sehen.

Die Bedeutung dieses Künstlers, der hauptsächlich in England arbeitete, ist auf seine Inspiration zurückzuführen, die von den Lieblingsthemen der Gruppe Arkadia beeinflusst war. Diese kosmopolitische Gruppe von Künstlern war darauf spezialisiert, ländliche Themen darzustellen, in die symbolische und mythologische Elemente eingefügt wurden, um den antiken Sinn des sakralen und die mythische Faszination darzustellen, von der die Natur und ihre Landschaften durchdrungen sind.

Die wichtigsten Werke Zuccarellis befinden sich in London, in der Nationalgalerie und im Windsorpalast.

Das städtische archäologische Museum

Im Innenhof des Orsinipalastes befindet sich der Eingang zum kommunalen

Madonna mit Kind von Jacopo della quercia

Vorige Seite: Holzstatue des Nicolò III. Orsini

Vitrinen im Museum Palazzo Orsini

Die Tuffsteinstädte

Museum von Pitigliano, in dem eine reichhaltige Sammlung etruskischer Fundstücke ausgestellt ist, die von den Ausgrabungsarbeiten im nahen Poggio Buco stammen (siehe betreffendes Kapitel).

Das Material reicht von der antiken, groben Keramik bis zu den großen mit Halbreliefs dekorierten Buccherovasen und umfasst die verschiedensten Objekte.

Die Sammlung ist mit einer Reihe von Erklärungstafeln versehen, auf denen die historischen und kulturellen Eigenheiten der Etruskersiedlungen in Poggio Buco, Pitigliano und dem Fioratal beschrieben sind.

Das Museum für ländliche Kultur

In diesem einzigartigen privaten Museum (für eine Besichtigung sollte man sich ans Fremdenverkehrsbüro wenden) ist eine Reihe von seltenen Objekten des Orts zu sehen: Fossilien, versteinerte Bäume, alte Landwirtschaftsgeräte, ausrangierte Haushalts- und Arbeitsobjekte und andere interessante Kuriositäten, die zusammen ein recht informatives Bild der Vergangenheit des Ortes und der Maremma rekonstruieren. Die Ausstellung ist in der Orsiniburg zu finden (der Eingang befindet sich am Rathausplatz). Sie liegt in ei-

nem unterirdischen Teil der Burg, wo man auch die mächtige, ausgeklügelte Architektur der Kellergewölbe der mittelalterlichen Verteidigungsanlage bewundern kann.

Die Piazza della Repubblica (Platz der Republik)

Der Platz vor der Orsiniburg lag im Mittelalter sechs Meter tiefer als heute und erstreckte sich vermutlich über mehrere kleine Terrassen mit Gärten, die der unregelmäßigen Form des Felsens folgten.
In der Zeit der Orsini wurde aus Verteidigungsgründen der Platz auf das jetzige Niveau angehoben. Somit bleiben heute die darunter gelegenen Gebäude, Straßen und Felsenformationen aus der Zeit der Etrusker verborgen.
Auf dieser zweiten unterirdischen Ebene befindet sich eine Kirche aus dem XIV. Jahrhundert. Die Wände einiger Gänge sind mit wertvollen Fresken verziert. (Der Eingang dieser Kirche liegt neben der Bar Italia, auf Privatbesitz.)
Auf der Südseite des Platzes endet der antike Aquädukt in einem Brunnen, der von fünf Bögen überragt wird. Sie sind gekrönt von Kugeln auf Säulenstümpfen. Diesen Brunnen ließ Gianfrancesco Orsini bauen. Davon zeugt die verwitterte Bärenskulptur über dem Brunnen. Das Brunnenwasser fließt aus fünf Masken, teilweise Bronze und Tuff. Man kann das Gesicht eines Silen, einer Medusa und einer männlichen Gestalt erkennen, die an Herkules denken lässt. Dieser Renaissance-Brunnen, steht neben einer Terrasse mit Blick über das Tal der Meleta mit ihren Schluchten, Wäldern und Feldern.
Auf der gegenüberliegenden Seite des Platzes, in Richtung Norden, befindet sich eine

Gegenstand aus dem Museum für ländliche Kultur (Eigentum Celata)

Vorige Seite: Gemälde von Francesco Zuccarelli

Im Archäologischen Museum ausgestellte etruskische Fundstücke

*Pitigliano
Panorama*

weitere Terrasse. Hier hat man ein Ausblick über das Tal der Lente, in die sich das Flüsschen Procchio als Wasserfall ergießt.

Auf dem Hügel gegenüber von Pitigliano ragen aus der dichten Macchia einzigartige Felsenformationen der Etruskerzeiten hervor und prägen diese Landschaft, die vulkanischen Ursprung ist.

Die Altstadt

Die ursprüngliche antike Topografie von Pitigliano ist nach wie vor zu erkennen. Dominant sind die beiden Hauptstraßen "Corso Roma" und "Via Zuccarelli", die hufeisenförmig angelegt wurden. Eine dritte Straße führt in Richtung Norden, die Via Vignoli (oder della Fratta).

Bei einem Besuch der Altstadt erkennt man den erhaltenen, mit Leben erfüllten mittelalterlichen Stadtteil. Die Einflüsse der Moderne sind gering, das ist der Grund warum diese Stadt so anziehend wirkt.

Im historischen Zentrum gibt es noch Gassen, Gässchen und kleine Plätze die damals für Pferde und kleine Wagen angelegt waren. Die Durchfahrt für ein Auto ist oft - zum Glück- nicht möglich. Auch die Architektur der Häuser ist typisch für die Zeit des Mittelalter, was man z.B. an den Dachkonstruktionen erkennen kann. "Alla fiorentina" sind sie gebaut, das heißt Balken und Dachlatten werden zunächst mit "mezzane" belegt, auf denen die eigentlichen Ziegel liegen.

Zu jeder Wohnung gehört ein Keller, der immer noch zum Stapeln des Holzes dient und natürlich zum Lagern des Weines. Unter dem Ort gibt es eine regelrechte zweite Stadt, durchzogen von miteinander verbundenen Gängen. Hier gibt es antike Brunnen, in verschiedenen Höhen angelegt, Reste von Gräbern, Kolumbarien und alte in den Felsen gehauene Räume aus einer unbestimmbaren Epoche.

Einige dieser Keller gehen weiter in die Tiefe von dem Raum aus, in dem der Wein gepresst wird (il tinaio). Sie führen zu den Räumen, in denen der Wein in Fässern und Ballons aufbewahrt wird (i bottai). Manchmal findet man bis zu drei Weinkeller.

Ein Abstieg in diese unterirdische Keller ist wie ein Besuch bei Bacchus oder Dionysos. Das ehrwürdige Alter dieses Viertels erkennt man besonders im unteren Teil der Häuser, die aus Tuff bestehen. Sie stammen zwar aus dem Mittelalter, lehnen sich aber an die Felsstruktur aus etruskischer oder wahrscheinlich sogar aus prähistorischer Zeit. Von den etruskischen Wohnungen findet man keine Spuren, da sie überwiegend aus Holz konstruiert waren, mit Dächern aus Terracotta und deshalb die Zeiten nicht überstanden.

Jüdische Zeit

Schon im XII. Jahrhundert vermutet man jüdische Ansiedler in Pitigliano. Sicher ist, dass im XVI. Jahrhundert bereits eine jüdische Gemeinde sich dort niedergelassen hatte.
Einer der Gründe für das Entstehen dieser jüdischen Gemeinde waren sicherlich die Verfolgung und die schwierigen Lebensbedingungen, unter denen die Juden im angrenzenden Kirchenstaat zu leiden hatten.
Das Grenzgebiet der hügligen Maremma wurde also im Mittelalter ein Refugium für diese jüdische Minorität.
Mit den Zeiten wurde sie anerkannt als soziales und kulturelles Element der Stadt. Nach jahrhundertelangem Leben im Ghetto entstand eine anerkannte Gemeinde, die im letzten Weltkrieg Pitigliano verließ.
Der Beitrag der Juden zum sozialen und kulturellen Leben Pitiglianos war von großer Bedeutung. Fast alle wirtschaftlichen und kulturellen Initiativen in Pitigliano sind der Mitwirkung der jüdischen Gemeinde zu verdanken.
Wegen der Anwesenheit und starken Aktivität dieser jüdischen Gemeinde, wurde Pitigliano als Sitz einer Synagoge ausgewählt. Sie wurde am Ende des XVI. Jahrhunderts von Jeudà Sohn von Scebbetai erbaut. Dieser Tempel, der im Ghetto liegt, wurde oft restauriert bis zu seinem jetzigen Zustand 1995. Er ist wieder zugänglich für die Öffentlichkeit. Der Besuch der Synagoge gehört in den Rahmen der

Eingang zur Synagoge

Die Tuffsteinstädte

Räume unter der Synagoge: der Miqve

Führung durch das Museum Patrimonio Ebraico.
Ein eisernes Tor im Vicolo Manin liegt vor dem eigentlichen Eingang, ein Portal aus dem XVII. Jahrhundert. Das Innere der Synagoge ist gestaltet und eingerichtet mit Reproduktionen der heiligen und traditionellen Gegenstände.
Aus der Barockzeit gibt es noch einige Wandverzierungen aus Stuck auf der hinteren Wand. Im Eingangsteil des Tempels befindet sich der separate hochgelegene Teil, der damals den Frauen bestimmt war (Matroneum), die hier hinter der hölzernen Balustrade saßen.

Das Ghetto

Das hebräische Viertel begann ungefähr in der Hälfte der Via Zuccarelli und endete kurz hinter der Synagoge. Von der Gasse Marghera, neben der Synagoge, gelangt man zum Museum Patrimonio Ebraico, zu den alten jüdischen Wohnhäusern, zum Ghetto und dem alten Backofen der Azzime.
Manche dieser Wohnhäuser haben noch die ursprünglichen bogenförmigen Eingänge und Spuren des damaligen Wandputzes, der in lebhaften Farben die Häuser schmückte.

Das Museum Patrimonio Ebraico

RITUELLES BAD (1)
Überreste des Bades (miqve: Sammlung des Wassers) Zu erkennen sind die alten Wannen, die von den Frauen für den Reinigungsritus am Endes des Monatszyklus und vor der Heirat benutzt wurden. In die Wannen wurde auch Regenwasser eingeleitet.

KELLER (2)

In diesem Raum wurde der Kasher-Wein hergestellt (Kasher: zum Verzehr geeignet, da entsprechend den Vorschriften des hebräischen Ritus erzeugt). Auch heute noch wird dieser Wein in der Kellerei von Pitigliano hergestellt, unter der Aufsicht eines Rabbiners, den Vorschriften gemäß. Die Gefäße müssen vorher viele Stunden unter laufendem Wasser gespült werden. Es dürfen keinerlei Zusätze auf Kasein-Basis verwendet werden. Die hebräischen Ernährungsvorschriften verbieten den gleichzeitigen Genuss von Fleisch- und Milcherzeugnissen. Ein Wein, der Kasein-Zusätze enthielte, dürfte nicht zu einem Fleischgericht getrunken werden. Der Wein wird bei einer Temperatur pasteurisiert, die höher als sonst üblich ist. Die Produktion wird von der Traubenernte bis zur Flaschenabfüllung überwacht.

MUSEUM FÜR HEBRÄISCHE KULTUR (3)

Es handelt sich um eine Sammlung hebräischer Kultgegenstände. Im Museum und in den Gängen befinden sich Wandbilder, die hebräische Feste und Feiern erläutern. Der Raum, in dem das Museum untergebracht ist, wurden als Hauptort für den Kult und für Studien festgestellt zum Beginn der Ansiedlung der Gemeinde. Über diesem Raum wurde 1598 die heutige Synagoge erbaut.

DIE KASHER-SCHLACHTEREI (4)

In diesem Raum wurden - nach dem Ritus - von einer erfahrenen, für die Schlachtung bestimmten Person (shochet) die erlaubten Tiere geschlachtet (Geflügel und Wiederkäuer mit gespaltenem

Räume des hebräischen Museums: die Färberei

Die Tuffsteinstädte

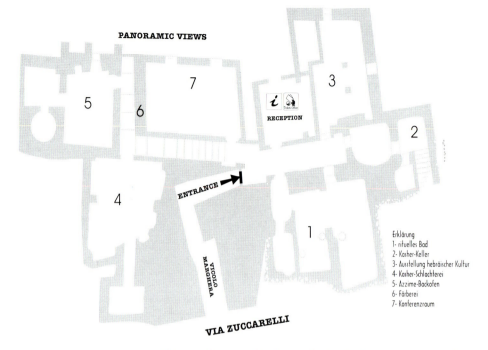

Erklärung
1- rituelles Bad
2- Kasher-Keller
3- Ausstellung hebräischer Kultur
4- Kasher-Schlachterei
5- Azzime-Backofen
6- Färberei
7- Konferenzraum

Räume des hebräischen Museums: der Weinkeller

Huf - Schafe, Ziegen, Rinder und Rehartige).
Die Schlachtung erfolgt durch einen äußerst schnellen und exakten Schnitt in die Karotis-Arterie: Das Tier verliert augenblicklich das Bewusstsein, weil das ausströmende Blut das Gehirn nicht mehr erreicht, und leidet wenig. Das hebräische Gesetz verbietet die Verwendung des Blutes, da "das Blut das Leben ist".

BACKOFEN DER AZZIME (5)
Er diente ausschließlich zur Herstellung der Osterkuchen und des ungesäuerten Brotes, für die ganze Gemeinde und für die acht Ostertage und wurde nur einmal im Jahr geöffnet. Zuletzt wurde er Ostern 1939 verwendet, bevor die Gemeinde den Kult wegen der Rassengesetze einstellen musste.

FÄRBEREI (6)
Die Räume dienten einem Handwerksladen (Färberei). Dies wird belegt durch die

aufgefundenen Wannen. Hervorzuheben am Eingang, rechts vom Türpfosten, die leicht geneigte Einkerbung, wo die "Mezuzà" angebracht wurde. Mezuzà: Türpfosten, in weiterem Sinne Pergamentrolle, aufbewahrt in einem Futteral, mit einem Schriftstück aus dem Deuteronomium 6, 4-9 ("Höre, Israel, der Herr ist unser Gott, der Herr ist ein..." und anderen biblischen Versen.

Der Dom

Am Ende des Domplatzes steht eine Travertinsäule mit der Skulptur eines Bären. Dieses Monument zeigt die heraldischen Symbole der Orsini, im Barockstil, geschmückt mit Früchten, Bändern, Blumen, Waffen und Schilden. Auch eine lange Inschrift ist vorhanden, die u.a. sagt: Die Rose überragt alle Blumen wie der Bär alle Raubtiere, ähnlich überragt das Geschlecht der Orsini an

Backofen der Azzime

Vorige Seite:
Die Synagoge

schneller Intelligenz und Mut. Die heutige Fassade des Domes entstand in der Mitte des XVIII. Jahrhunderts, während der Rest des Gemäuers aus dem XVI. Jahrhundert stammt. Die ursprüngliche Gebäudestruktur ist nicht mehr erkennbar, wahrscheinlich lag der Baubeginn im XII. Jahrhundert. In der Mitte der Barockfassade befindet sich ein Renaissanceportal, auf beiden Seiten gibt es Statuen, jeweils von St. Peter und St. Paul, denen die Kathedrale geweiht ist.
Über die Kirche ragt der Glockenturm bis zu einer Höhe von 35 m. Er stammt wahrscheinlich aus der Zeit der Aldobrandeschi und wurde später, zur Zeit der Medici, mit Zinnen ergänzt.
Im Inneren des Doms, der im Barockstil erbaut ist, wölbt sich über den Hauptaltar eine einfallsreiche, luftartige Struktur mit Engeln, die einen großen Kranz tragen.
Die beiden Seiten des Altars sind geschmückt durch zwei Gemälde von Pietro Aldi aus Manciano, inspiriert von historisch-religiösen Ereignissen: der Canossagang von Heinrich IV. und die Berufung des jungen Ildebrando da Soana. Es handelt sich um zwei bedeutenden Episode aus dem Leben vom Ildebrando da Soana, des späteren Papstes Gregors VII.
Aus der Spätrenaissance stammt das wertvolle Gemälde "Madonna vom Rosenkranz", das Francesco Vanni schuf (1563-1610). Es befindet sich über dem ersten Altar links vom Eingang.

Kirche S. Rocco (oder S. Maria)

Dieses ist die älteste Kirche des Dorfes, die schon in einem Dokument von 1274 erwähnt wurde. Sie steht auf einem Platz, wo die Via del Corso auf die Via Zuccarelli trifft am Anfang des alten Viertels Capisotto.
S. Rocco, Schutzheiliger von Pitigliano, ist in einem bunten Kirchenfenster auf dem oberen Teil der Fassade dargestellt.
Der heilige Wundertäter, der gegen die Pest schützt, ist begleitet von seinem treuen Hund. Man berichtet, dass er dem Heiligen, der selbst von dieser schrecklichen Krankheit befallen war, Brot brachte. Er stahl es von einem reichen Herrn namens Gottardo.
St. Rocco wurde Schutzheiler von Pitigliano wahrscheinlich infolge der wiederholten Pestepidemien, die im Mittelalter auch dieses Dorf befielen.
Auf der linken Seite der Kirche befindet sich auf der äußeren Wand ein Steinrelief (XII. Jahrhundert): Ein Mann von edler und stolzer Gestalt hält seine Hände in die

Flachrelief an der Seitenmauer der Kirche S. Rocco -das Gute und das Böse-

Rachen zweier Drachen, die neben ihm liegen.
Symbolisch ist damit gemeint, dass die geistige Kraft die animalische Brutalität besiegt. Auf der Fassade der Kirche sind die Wappen von Pitigliano und der Orsini zu erkennen.
Die Kirche wie auch der Glockenturm stammen aus dem XVI. Jahrhundert.
Es gibt aber Hinweise auf eine wesentlich ältere Kirche an dieser Stelle. Manche Forscher meinen sogar, dass sich an dieser Stelle zu Zeiten der Etrusker ein heiliger Hain befand und wahrscheinlich auch ein nicht mehr nachweisbarer Tempel. In der Tat fand man unter dieser Kirche einige alte Grabstätten, Gänge und andere Spuren vergangener Zeiten. Der Innenraum der Kirche ist unterteilt in drei Schiffe, die durch jonische Säulen begrenzt werden.
Architektonisch wirkt die Kirche beeindruckend wegen der schlanken Proportionen der Bögen, die in die hohe Decke münden, was den Effekt von besonderer Höhe bewirkt. Über dem Altar wurden verschiedene Wappen als Fresken dargestellt, darunter die des Hauses Savoyen, der Medici, der Lothringer, des Domkapitels Pitigliano, von Pius IX. und einiger Bischöfe. Andere Fresken aus dem XVII. Jahrhundert sind bereits verwittert und inkomplett. Auf der Wand links vom Altar erkennt man ein Fresko der Madonna, das kürzlich aus den Resten eines zusammengestürzten Tor des Dorfes gerettet wurde.

Capisotto

Das ist das älteste Viertel von Pitigliano, auf der Westseite des Felsens, auf dem die Altstadt liegt. In diesem Ortsteil gibt es die schönsten und monumentalsten Keller, mehrere etruskische Überreste und verschiedene Gebäude aus dem Mittelalter.

Wenn man von der Kirche S. Rocco abwärts geht, in Richtung "finestrone", gelangt man an eine Terrasse, von der aus man die bewaldeten Täler unterhalb des Dorfes überblicken kann. Dort unten vereinigen sich die Flüsse Meleta und Lente.

Wenn man in die Ferne zum Ende der Täler blickt, kann man in den Feldern die Einmündung des Lente in die Fiora erkennen, den Hauptfluss der Maremma.

Von hier aus hat man einen der schönsten Überblicke ins Umland, wie auch von der Piazza des Orsinipalastes.

Von der Piazzola di Capisotto kann man über eine Treppe zur Porta di Sovana absteigen, dem alten nördlichen Eingangstor zum Dorf.

Der Bogen dieses Tores zeigt Veränderungen vieler Epochen. Man erkennt Teile eines Gemäuers aus dem XIII. Jahrhundert, das in die alte etruskische Mauer übergeht, die direkt daneben beginnt.

Der Mauerwall wurde aus großen Tuffblöcken gebaut, die früher das ganze Dorf umgaben. Dank dieser zyklopischen Befestigung war das Dorf nicht zu erobern.

Über diese Treppe steigt man auf der Nordseite des Felsens von Pitigliano hinunter und erreicht den Pfad "Selciata", auf dem man das ganze Dorf umwandern kann.

Kirche S. Rocco oder S. Maria

Diese Nordseite ist charakterisiert durch zahlreiche Keller und Höhlen (frühere Gräber), die von Terrassen aus angelegt wurden.

Der Weg führt zu den beiden Hohlwegen des Poggio Cane, die parallel verlaufen. Von ihnen zweigen Eingänge ab zu Reihen von Höhlen, Gräbern und anderen antiken Räumen, die später dann zu verschiedenen Zwecken genutzt wurden.

La Selciata und die Waschplätze aus der Zeit der Medici

Diesen eben beschriebenen Rundweg Selciata kann man auch erreichen, wenn man die Treppe hinabsteigt, die zu den Waschplätzen aus der Zeit der Medici führt. Der Anfang dieser Treppe liegt in der Nähe des alten Eingangs zum Dorf an der Piazza Petruccioli.

Auf halber Treppe rechts kommt man zu dem großen, offenen Waschplatz, der zur Zeit der Medici erbaut wurde.

Hier stehen noch die alten, erhaltenen Travertinbecken, neben einer mächtigen Säule aus Tuffblöcken, die sich genial in die Höhe erstreckt. Sie stützt den grandiosen darüberliegenden Aquädukt, der ebenfalls aus der Zeit der Medici stammt. Dieses beeindruckende Bauwerk der Renaissance-Ingenieure ist wahrscheinlich einzigartig. Es erhebt sich von der Basis des Felsens bis hinauf zum Dorf und beeindruckt durch seine Perspektive, die einmalig und spektakulär ist.

Auch vom Waschplatz kann man den Rundweg "Selciata" erreichen, einer der interessantesten Spazierwege Pitiglianos. Man blickt auf das Dorf von unten und sieht, wie die Häuser an den Rand der steilen Felsenwand angeschmiegt sind, als wollten sie die Gesetze der Schwerkraft missachten. Der Rundweg führt um den Süden des Dorfes zwischen kleinen Gärten, Grotten und Höhlen für Haustiere.

Der Nordteil führt durch eine kühlere Zone. Hier befinden sich die Weinkeller, in denen die bekannten Weine Procanico, Ansonico, Aleatico und Fragolino lagern.

Die unmittelbare Umgebung von Pitigliano

Sehenswürdigkeiten und schöne Plätze in der unmittelbaren Umgebung von Pitigliano

Die Hohlwege (Vie Cave)

Im Tal unterhalb von Pitigliano findet man, in alle Himmelsrichtungen verstreut, enorme Korridore, die in die Felswände eingeschlagen sind. Es gibt etwa fünfzehn von diesen Felswegen. Das sind die so genannten Vie Cave oder etruskische Hohlwege, die auch Tagliate, also Einschnitte genannt werden, weil sie durch einen Einschnitt oder Aushub aus der Tuffstein-Felswand geschaffen wurden. Es handelt sich hierbei um

Der Hohlweg von S. Giuseppe

Die Tuffsteinstädte

halbunterirdische Gänge von riesigen Ausmaßen: zwanzig Meter Höhe, drei Meter Breite und etwa einem halben Kilometer Länge.

Diese megalithischen Gänge durchqueren die Nekropolen und antiken Kultplätze der Etrusker, was darauf schließen lässt, dass es sich um sakrale Gänge handelt, in denen rituelle Prozessionen und sakrale Zeremonien durchgeführt wurden, die mit dem Begräbniskult und der Religion zu tun hatten.

Diese ungewöhnlichen Monumente sind sicherlich die wichtigsten antiken Überreste von Pitigliano.

Der Hohlweg von S. Giuseppe wird am Tag des Frühlingsäquinoktium (am 19. März) in einer langen nächtlichen Prozession durchquert, der Torciata (Fackelzug); ein Ereignis, das seit Urzeiten stattfindet. Eine vielköpfige Gruppe junger Männer aus dem Ort, die brennende Schilfrohrbündel auf den Schultern tragen, geht durch den Hohlweg bis ins Lentetal. Bis vor wenigen Jahren stiegen sie von hier aus zu den Felsen und erreichten die Altstadt, wo sie auf dem Plätzchen von Capisotto ein großes Reinigungsfeuer anzündeten, als Symbol der Erneuerung und als Glücksbringer. Heute findet dieses Fest auf der Piazza Garibaldi statt.

Der Hohlweg von Fratenuti, einer der interessantesten, liegt dem Hohlweg von S.

Eindrucksvolles Bild der "Torciata di S. Giuseppe"

Giuseppe gegenüber, auf dem Hügel der anderen Talseite: Um ihn zu erreichen, muss man den Fluss Meleta überqueren. Man folgt dem Weg, der kurz vor der Lentebrücke links abbiegt.

Dieser Einschnitt hat hohe, eindrucksvolle gerade Wände. Er ist etwa zwanzig Meter tief und weist verschiedene Inschriften, Zeichen und Graffiti auf, die sowohl aus der Etruskerzeit als auch aus dem Mittelalter stammen.

Hier entsteht ein besonderes Mikroklima, dank der thermischen Strömungen, die in diesen tiefen Einschnitten im Felsen entstehen. Als Ergebnis davon findet man verschiedene Farnpflanzen, Venushaar, Flechten und Moose in verschiedenen Farbtönen.

Von besonderem Interesse sind die Hohlwege von Gradone und Poggio Cane; die anderen Hohlwege sind etwas schwierig zu begehen.

Der Ulmenbrunnen

Oben auf dem Hügel von S. Giuseppe, gegen Ende des gleichnamigen Hohlwegs, befinden sich, harmonisch zwischen Eichen und Schlagwald eingebettet, die Reste mehrerer antiker Monumente.

Ein großer Brunnen, der in den Felsen geschlagen ist, verströmt sein Quellwasser aus dem Kopf eines Silen, des Fauns der tyrrhenischen Mythologie.

Die in den Boden geschlagenen Kanäle und mehrere Nischen in der Wand sowie kleine Grotten bezeugen, dass dieser Platz sehr alt ist.

Nach Erzählungen der alten Leute von Pitigliano ist dies einer der Plätze auf dem Land, an die die Tradition und das Gedächtnis der Leute besonders stark gebunden sind.

Wahrscheinlich fanden hier in der Antike die Riten des Quellwassers statt, die bereits an anderen Plätzen in der Nähe festgestellt wurden (Tempelchen am Pantano und Cavone in Sovana).

Der Ulmenbrunnen

Die Tuffsteinstädte

Die Nekropole des Gradone
(*Archäologisches Freilichtmuseum "Alberto Manzi"*)

Unterhalb des Ortes, hinter der Meletabrücke (in Richtung Manciano), geht links ein Feldweg zum Hohlweg des Gradone, der seinen Namen von einer verfallenen, aber noch immer eleganten Treppe erhält, die direkt in den Tuffsteinfelsboden des Hohlwegs eingeschlagen ist.

Unterhalb des Hohlwegs liegt die Nekropole gleichen Namens, die aus Kammergräbern verschiedener Epochen besteht, aus etruskischen Kolumbarien und aus Felsgräbern, von denen eins im Inneren Pateren enthält, Opferschalen, die in den Felsen der Grabkammer geschlagen sind.

Der Hohlweg des Gradone

Etruskisches Grab im Inneren des Parco Archeologico "A. Manzi"

Ein üppiger Wald umgibt die Grotten und antiken Räume, in einer Atmosphäre reich an archäologischen und natürlichen Eindrücken.

Das frühchristliche Kapellchen

An der Straße nach Sovana zeigt ein Schild noch in unmittelbarer Nähe von Pitigliano die Richtung an, in der diese bescheidene, abgelegene kleine Grotte liegt, in deren Innerem einige Nischen, mehrere Dekorationen an der Wand und eine Inschrift, alles von ungeklärter Herkunft.

Vielleicht stammt dieser Ort aus frühchristlicher Zeit. Es ist aber nicht auszuschließen, dass er einer der "heidnischen" Sekten zuzurechnen ist, die in noch nicht christianisierten Gegenden gediehen.

Das Tempelchen wurde vielleicht aus einem früheren Etruskergrab geschaffen und weist eine einzigartige Dreiteilung des Raumes auf, im Zentrum eine Aedicula-Nische mit Ziersäulen.

Die Kirche von Madonna della Grazie

An der Straße nach Manciano, etwa einen Kilometer vom Ort entfernt, liegt diese Kirche, die an einem besonders schönen Aussichtspunkt erbaut worden ist: Von hier aus hat man den vollständigsten und eindrucksvollsten Blick auf Pitigliano, das sich eigenartig auf dem langgestreckten, hohen Tuffsteinfelsen zusammendrängt, der aus den grünen Wäldern hervorragt, die die tiefen vulkanischen Schluchten bedecken.

Die Tuffsteinstädte

Frühchristliches Tempelchen

Im 15. Jhdt. befand sich an dieser Stelle das Kloster einer Gemeinschaft von Franziskanerbrüdern (daher kommt die Ortsbezeichnung Fratenuti). Im Verlauf der Jahrhunderte wurde die Kirche mehrfach umgebaut und erweitert; schließlich wurde sie 1965 vollkommen restauriert.

Im Inneren des Gebäudes sind noch einige dekorative Elemente aus dem Barock und der Spätrenaissance erhalten sowie ein kostbares Messgewand aus dem 17. Jhdt., in Gold, Silber und Seide.

Der jüdische Friedhof

Der Eingang zum Friedhof befindet sich an der Straße nach Manciano, nach einer Kurve gerade außerhalb des Ortes.

Dieser Platz, der über den Wäldern des Meletatals liegt, weist noch mehrere monumentale Gräber aus verschiedenen Epochen auf, die oft sorgfältig dekoriert und ausgearbeitet sind.

Der älteste Teil, in dem einige Grabinschriften in Tuffstein inzwischen nicht mehr zu lesen sind, liegt an der Ostseite. Im dem neueren Teil fallen einige Marmorstatuen auf, die vom wirtschaftlichen Wohlstand zeugen, den die jüdische Gemeinde bereits im 18. und 19. Jhdt. erreicht hatte.

Der Orsinipark (Poggio Strozzoni)

An der Straße nach Sorano ist hinter der Procchiobrücke der Ein-

Folgende Seite: Skulpturen im Orsini-Park

gang zum Park der Fürsten Orsini beschildert.

Man steigt über einen Weg hinauf zur Spitze des Hügels, der im Volksmund Strozzoni genannt wird, weil nach der Überlieferung der eifersüchtige, gewalttätige Orso Orsini seine Frau erwürgte, deren Leiche er in den Fluss warf. Der Grund für diesen Mord war die Liebesbeziehung der Adligen mit Ottavio Farnese, der anschließend ebenfalls von dem rachsüchtigen Grafen umgebracht wurde.

Der Park wurde gegen Ende des 16. Jhdts. nach dem Vorbild des Parco dei Mostri in Bomarzo, der ebenfalls den Orsini gehörte, geschaffen.

Oben auf dem Hügel erreicht man rechts hinter einem Pinienwäldchen die nordöstliche Spitze, wo eine seltsame, kreisförmige Terrasse, die in den Felsen geschlagen ist, den Blick über das tiefe Tal des Lenteflusses freigibt.

Neben der Terrasse befinden sich einige Throne, Steinsitze, von denen aus vermutlich die Fürsten bequem die Jagd auf Wildschweine verfolgen konnten, die im etwa hundert Meter darunterliegenden Tal stattfand.

Wahrscheinlich wurde der größte Teil des Parks im Verlauf eines Volksaufstandes zerstört. An der Westseite des Hügels sind jedoch noch einige sehr originelle Strukturen erhalten;

darunter sind besonders interessant die riesige Skulptur einer liegenden Frauenfigur, daneben ein großes Füllhorn und die Reste einer weiteren Skulptur, ursprünglich vielleicht eine von einem Dämonen gefangene Nymphe. Ziemlich gut erhalten sind hingegen noch die Throne, die von einem schönen Kiosk gekrönt sind und an dem Pfädchen liegen, das an der Nordwestflanke hinabführt.

Weitere Sitze und andere Strukturen befinden sich am Rande dieses Pfädchens.

Einige Grotten im Felsen weisen darauf hin, dass dieser Ort bereits in der Etruskerzeit bewohnt war.

Das Tal der Flüsse Lente und Meleta

Das Tal westlich von Pitigliano bietet archäologische und natürliche Attraktionen.

Geht man nach der Porta di Sovana den Hohlweg von Poggio Cane hinunter, kommt man bald ins Tal.

Man geht dann auf den Hohlweg von S. Giuseppe (oder nach Sovana) zu und bleibt auf diesem Weg, der durch ein dichtes Waldgebiet von vorwiegend Eichen, Steineichen und Eschen führt. Mehrere Pfade schlängeln sich durchs Unterholz, in dem der wilde Schwarzdorn neben dem Mäusedorn, dem Pfefferkraut und anderen Kräutern wächst. Es mangelt auch nicht an verwilderten Gärten, die einmal terrassenförmig mit massiven Steinmauern, vermutlich langobardischen Ursprungs, angelegt waren.

In diesem Gebiet befindet sich eine ausgedehnte etruskische

Der eindrucksvolle Wasserfall des Meleta-Flusses

Nekropole, die hauptsächlich aus Kammergräbern und einigen fein gearbeiteten Kolumbarien besteht.

Wenn man hingegen die Nordseite von Pitigliano hinuntergeht, erreicht man das Meletatal, das auch einige Attraktionen zu bieten hat.

Auch hier wird das natürliche Habitat von dichten Wäldern dominiert, die die Flanken der Hügel weitgehend bedecken.

Von besonderem Interesse und Schönheit ist das Bachbett der Meleta, das teilweise die Form einer tiefen Felsschlucht annimmt, in der das Wasser sich über kleine Kaskaden hin zu den niedrigeren Ebenen des Flusses ergießt.

Das Tal der Meleta unterhalb der Altstadt ist der Anfangspunkt von vier großen Hohlwegen (S. Lorenzo, Gradone, Madonna delle Grazie, Fratenuti), in deren Einzugsbereich sich versprengte Gruppen von Nekropolen und andere etruskische Reste befinden.

Das Kloster von S. Francesco

An der Straße nach Sorano liegt am Ortsrand die Ruine der Kirche und des Klosters von S. Franziskus aus dem 16. Jhdt. Die ursprüngliche Anlage, die von Antonio da Sangallo dem Jüngeren im Auftrag des Gianfrancesco Orsini erbaut worden ist, wurde durch einen Brand im Jahre 1911 zerstört. Die Mauern und drei Seitenkapellen, die gegen Ende des 18. Jhdts. restauriert wurden, sind reich an Stuckarbeiten und barocken Friesen und stehen noch.

Vom alten Kloster ist noch eine Reihe eleganter Bögen in Form eines Kreuzgangs übrig, die in der Nähe des dahinter liegenden Bauernhauses stehen.

Schön gearbeitet ist der Renaissancebrunnen aus Travertin mit den Wappenschilden der Orsini.

Ehemaliges Franziskanerkloster

Die Umgebung von Pitigliano

Die Novaquelle

Dieser Platz, der wegen seiner archäologischen Funde und seiner landschaftlichen Schönheit sehr reizvoll ist, liegt in der Nahe des größten Waldgebiets der Maremma, der Selva del Lamone. Man erreicht ihn über die Straße, die von Pitigliano nach Farnese führt. Am Fuße eines hohen, langen Tuffsteinhügels entspringen in einer künstlich angelegten Grotte aus der Bronzezeit die kristallklaren Wasser der Novaquelle.

Auf der Spitze und an den Seiten des felsigen Hügels liegt die größte frühgeschichtliche Ansiedlung der Gegend. In etwa zwanzig Jahren der Ausgrabungen, Forschungen und Veröffentlichungen hat der Archäologe N. Negroni Catacchio einen Zusammenhang von Grotten, Böden für Hütten, Kanalisationen, Öfen, Tempelarealen und eine reiche Auswahl an Fundstücken und Zeichen zu Tage gefördert, die auf eine Vor-Villanovakultur (1100 v. Chr.) zurückgehen, die sich mehrere Jahrhunderte vor dem Erscheinen der Etrusker entwickelt hat.

Auf der Spitze des Hügels ragen die monumentalen Reste einer Burg aus dem

Die Quelle der Nova

Die Umgebung von Pitigliano

Archäologisches Gebiet bei der Nova-Quelle

Mittelalter empor, die dort zur Kontrolle des Territoriums errichtet wurde, weil sich in der Nähe die Grenze zwischen dem byzantinischen und dem langobardischen Staat befand. In der frühgeschichtlichen Ansiedlung kamen Äxte aus Bronze, Teile von Rahmen, schwarze Keramiken mit geometrischen Mustern und verschiedene Gebrauchsgegenstände zum Vorschein.

Aus den durchgeführten Studien ergibt sich, dass die Ansiedlung mehr als tausend Einwohner hatte, was angesichts der frühen Epoche eine stattliche Anzahl darstellte.

Der Felssporn aus Tuffstein, Bims und vulkanischer Asche, auf dem die Ansiedlung liegt, ist von zwei aus Bächen geformten Gräben umgeben.

Rundherum ein Gebiet von üppigen Schlagwäldern; es liegt in einem weiten Tal eingeschlossen, in dem bis heute noch keine Spuren der Zivilisation zu finden sind.

Aus diesen Gründen dient der Platz als Sammel- und Durchzugsgebiet für seltene, geschützte Tierarten (Reiher, Bussarde, Stachelschweine).

Valle Orientina

An der Hauptstraße nach Rom (S. S. 74) liegt etwa drei Kilometer außerhalb von Pitigliano ein Thermalbad, im Tal von Valle Orientina. In einem grünen, abgelegenen Tal, durch das der Procchiobach fließt, befin-

Valle Orientina, Thermalwasser

det sich ein älteres Gebäude, das unter dem Namen Bagnetti degli Ebrei (Judenbad) bekannt ist.

Hier konnte man schon in antiken Zeiten das heiße Quellwasser genießen, das aus einer unterirdischen, eisenhaltigen Quelle entsprang.

Das Wasser wurde in die alten Travertinbecken geleitet, in einer einfachen, aber erholsamen Atmosphäre.

Dieses kleine Thermalbad wurde vermutlich von der jüdischen Gemeinde in Pitigliano erbaut; momentan wird es restauriert und wahrscheinlich demnächst wiedereröffnet.

Etwas weiter, hinter den Bädern, befindet sich das kommunale Schwimmbad von Pitigliano, das von der gleichen Thermalquelle gespeist wird und ganzjährig geöffnet ist.

Morranaccio

Diese Ausgrabungsstätte von großem archäologischen Interesse liegt im Gebiet von La Formica. Vollständig von der dichten Macchia verdeckt liegen die stattlichen Reste einer bedeutenden Siedlung, die von der Bronzezeit und der etruskisch-römischen Epoche bis zum Mittelalter bewohnt war. Das Schloss und das Dorf wurden wahrscheinlich von den Senesen zerstört.

Es handelt sich hier um das antike Muranium, dessen Schloss auf die Zeit um die Jahrtausendwende zurückgeht.

Das Schloss, das wahrscheinlich langobardischen Ursprungs ist, ging von Kaiser Otto an die Grafen Aldobrandeschi über, kam in den Besitz Orvietos (1334) und wurde dann Siena übergeben.

Die mächtigen Mauern der mittelalterlichen Burg und Teile der Befestigung sind noch zu erkennen. Das Be-

Die Tuffsteinstädte

*Vorige Seite:
Der Fluss Fiora*

*Archäologisches
Gebiet von
Poggio Buco*

sondere an diesem Ort sind die zahlreichen Brunnen aus der Antike und die etruskisch-römischen Gräber, die in einer Reihe am Rande des Abgrunds angeordnet sind.

Die Burg liegt am Zusammenfluss dreier Flüsse (Nova, Rio Maggiore, Orsina) und ist eingebettet in eine wilde, unberührte Waldlandschaft, die einen beliebten Unterschlupf für Wildschweine und Stachelschweine bietet.

Unterhalb der Burg jenseits der Nova bezeugen mehrere etruskische Hohlwege und zahlreiche Felsengrotten, dass diese Ansiedlung in der Frühzeit von großer Bedeutung war und zu den Städten des antiken Etruriens gehört.

Der Fiorafluss

Er ist der Hauptfluss der Maremmahügel. Das Aquädukt der Fiora versorgt eine ausgedehnte Zone der Toskana mit Wasser, weshalb der Fluss weitaus weniger Wasser führt, als er in Wirklichkeit hat.

An einigen Stellen ist das Flussbett auf ein Bächlein reduziert, das sich mühsam seinen Weg zwischen runden, bunten Kieseln sucht und fast der Gefahr des Austrocknens ausgesetzt ist.

Die Umgebung von Pitigliano

Archäologisches Gebiet von Poggio Buco

An anderen Stellen gewinnt er dank des Zuflusses von Lente und Nova sein ursprüngliches Wasservolumen wieder und strömt mit größerer Geschwindigkeit auf Vulci und das tyrrhenische Meer zu.

Aber der Lauf des Fioraflusses ist aus verschiedenen Gründen eine landschaftlich besonders reizvolle Wegstrecke. Vor allem ist zu erinnern, dass die Fiora in den Bergen entspringt, in Santa Fiora, und danach auf seinem Weg ins Tal keinen Ort durchquert, sondern fernab durch einsame Landschaften fließt und somit die Reinheit seiner Wasser bewahren kann.

Deshalb bietet die Fiora verschiedenen seltenen, unter Schutz stehenden Tierarten ein bevorzugtes Zufluchtsgebiet, darunter Otter, Silberreiher und einige Süßwasserschalentiere.

Die Ufer des Flusses sind reich an besonderer Vegetation: Wacholder, Thymian, Schachtelhalm, Immortellen und anderen Heilkräutern.

Poggio Buco

Poggio Buco war das größte etruskische Zentrum am Fiorafluss, als

119

dieser noch schiffbar war und somit als Verbindungsweg zwischen dem Minengebiet des Amiata (Selvena, S. Fiora), den Maremmahügeln und dem Küstengebiet (Vulci) fungierte.

Der Ort ist erreichbar über einen Feldweg, der von der Straße nach Manciano links hinter der Fiora-Brücke abgeht.

Die Siedlung umfasste ein ausgedehntes Territorium mit verstreuten Wohngruppen auf einigen der umliegenden Hügeln (Insuglietti, Le Sparne).

Sie liegt auf einer länglichen, bewaldeten Anhöhe, die das gesamte Fioratal beherrscht.

Die Siedlung erfuhr eine starke Entwicklung in der archaischen Epoche (8. Jhdt. v. Chr.), worauf jedoch ein unvermittelter Abstieg folgte (6. Jhdt. v. Chr.), der wahrscheinlich durch den Konflikt mit einem benachbarten Zentrum verursacht wurde. Um das 2. Jhdt. v. Chr. erlebte Poggio Buco eine zweite Blütezeit.

Man nahm zunächst an, dass dies der Standort des etruskischen Statnes (Statonia) war, aber weitere Forschungen ergaben, dass diese Hypothese nicht sehr überzeugend ist.

Im oberen Teil des Hügels befindet sich außer den Spuren eines antiken Mauergürtels und einigen Hohlwegen noch eine monumentale Nekropole, aus Felsengräbern von vollendeter Architektur.

Unter anderem ist die Tomba della Regina zu erwähnen, deren Inneres durch eine Reihe von Säulen gekennzeichnet ist, die den Raum auf eine sehr originelle Weise unterteilen.

Auf dem höchsten Punkt des Hügels, von dem man einen sehr schönen Ausblick über die Maremma hat, befindet sich, noch in der Ausgrabungsphase, ein Tempelbezirk, der auf die Bronzezeit zurückgeht.

Im ausgedehnten Gebiet von Poggio Buco sind zahlreiche Kammergräber gefunden worden, mit Vestibulum und seitlichen Zellen. Die Depositionen fanden oft in Gräbern statt, die in die Erde oder manchmal auch in die Wände geschlagen wurden, oder auf umlaufenden Bänken aus Tuffstein.

Die Ausgrabungsarbeiten am Ort haben reichhaltiges Material, hauptsächlich Vasen, zu Tage gefördert.

Diese Fundstücke sind im Archäologischen Museum von Florenz zu sehen; ein Teil davon ist im städtischen Museum in Pitigliano ausgestellt.

SATURNIA • MONTEMERANO • MANCIANO

SATURNIA

Nach der Überlieferung des Volksmunds lautete der antike Name Saturnias Aurinia oder die goldene Stadt. In der antiken Mythologie war der Gott Saturn mit dem goldenen Zeitalter verbunden, das dem mythischen Zeitalter des Ursprungs entsprach, in historischen Termini der langen Zeitperiode des Übergangs vom Nomadenleben zur sesshaften Lebensweise der archaischen Agrargesellschaften.

Diese weit zurückliegende Ära wurde als goldenes Zeitalter angesehen, das reich an Ernten, sozialem Frieden und großen Erneuerungen war.

In diesem mythischen Hinterland ist Saturnia anzusiedeln, dessen Ursprung gemäß einer anderen Tradition auf Pelasger zurückgeht, das legendäre Volk der Meere, das in der fernen Frühgeschichte die Mittelmeerländer kolonialisierte.

Nach einer anderen Etymologie leitet sich Saturnia von Urinia ab, d.h. Ort des Wassers (etruskisch Ur = Wasser)

Wie dem auch sei, die Anfänge Saturnias verlieren sich tatsächlich in einer ziemlich fernen Vergangenheit, und schon einige Forscher der Antike berichteten, dass diese Stadt zusammen mit Tarkuna (Tarquinia), Curtu (Cortona) und Anxur (Terracina) sogar eine der ersten Gründungen in der italischen Geschichte gewesen sei.

Offensichtliche Anzeichen des großen Alters von Saturnia werden von den archäologischen Forschungen bestätigt. In der Jungsteinzeit siedelten sich Gruppen im Gebiet von Bagno Santo, unmittelbar in der Nähe Saturnias, an. Die Gründe für die Ansiedlungen in einer so weit zurückliegenden Zeit sind vor allem in der strategischen günstigen Position des Ortes zu suchen, der auf einem einzeln stehenden, hohen Travertinhügel in der Mitte des weiten Tals liegt, in dem die Albegna und die Stellata fließen und in dem sich vor allem eine berühmte heiße Thermalquelle befindet.

Dieser große Reichtum an Wasser, Flüssen, Quellen und Heilwassern ist zweifellos der wichtigste Grund für den Wohlstand und das Alter Saturnias, des Ortes, der schon in der Antike mit der Zele-

Vorige Seite:
Die Gorello-Wasserfälle

Seite gegenüber:
Panoramaausblick auf Saturnia

Die Tuffsteinstädte

Die Gorello-Wasserfälle

brierung eines Kultes der Wasser in Verbindung gebracht wurde.

Im 9. Jhdt. v. Chr war, wie die Funde in einer Nekropole zeigen, das Gebiet von einer Gruppe der Villanova-Kultur bewohnt, im Gebiet von Sede di Carlo, unmittelbar unterhalb der Westseite des Ortes.

Saturnia erfuhr bereits zu Beginn der etruskischen Epoche, vom 8. bis 5. Jhdt. v. Chr., einen Aufschwung zur Blüte. Bald danach wurde es vom allgemeinen Niedergang Etruriens mitgerissen; um 183 v. Chr., nachdem es zur römischen Präfektur geworden war, erlebte es die Ankunft eines Teils des Stammes der Sabatiner, Colonia Civium Romanorum: einer Kolonie römischer Siedler.

Im Jahre 82 v. Chr wurde die Stadt von Sulla zerstört, weil Saturnia sich mit Marius verbündet und seinen Truppen Unterschlupf gewährt hatte.

Im frühen Mittelalter wurde die Stadt zum Schauplatz wiederkehrender Invasionen seitens der Goten, Sarazenen und anderer Eroberer. Schließlich wurde sie, wie auch die anderen Städte der Gegend, der Grafschaft der Aldobrandeschi angegliedert.

Nachdem sie im 14. Jhdt. zu einem gefürchteten Räubernest geworden war, wurde die Stadt von den Senesen gestürmt und zerstört.

Trotz des geglückten Versuchs, den Ort mit Bewohnern aus der Romagna (1462) und während der Renaissance wiederzubevölkern, fiel Saturnia wieder in Verlassenheit und Elend zurück.

Der sehr kleine Ort ist heute zum wichtigsten touristischen und wirtschaftlichen Zentrum der Südtoskana geworden, hauptsächlich wegen seiner Thermalquellen, seiner Sehenswürdigkeiten und seiner heiteren und gesunden Hügellandschaft.

Die alte Stadtanlage

Wenn man den Hauptplatz des Ortes erreicht, auf dem sich einige römische Grabsäulen mit Inschriften befinden, durchquert man den baumbestandenen Garten, bis auf der linken Seite die Mauern des Palazzo Ciacci zu erkennen sind. Dieser ist auf einer älteren senesischen Burg erbaut, die vorher Sitz eines römischen Gebäudes war, das als großer Wasserspeicher diente.

Hinter der senesischen Burg, neben dem Aufbau, befindet sich die berühmte Porta Romana, ein Monument von beachtlicher Bedeutung, weil der Torbogen aus dem Mittelalter auf einem sehr seltenen antiken Befestigungswerk erbaut ist, einem Trakt aus polygonalem Mauerwerk, das auf die Etruskerzeit oder sogar auf die legendären Pelasger zurückgeht, deren Geschichte immer noch in Legenden und Geheimnis gehüllt ist.

Das polygonale, zyklopische Mauerwerk besteht aus großen Travertinblöcken, die zu mehreckigen Formen behauen und ohne Mörtel in einer aus-

Porta Romana und die Via Clodia

Die Tuffsteinstädte

Die Gorello-Wasserfälle

lel zur Via Cassia verlief, ging durch Veio, Tuscania, Valentano, um dann das mittlere Fioratal zu durchqueren und Saturnia zu erreichen.

Weitere Teile der Zyklopenmauern sind der Via Italia am Südostrand des Ortes zu sehen, der Marruchetone heißt. Drei Tore gewährten früher den Eintritt in die Stadt, heute sind jedoch von ihnen nur noch Mauerreste übrig.

Sehenswert ist die Kirche von S. Maria Maddalena, die auf einer früheren romanischen Kirche wieder erbaut wurde und in der eine Madonna mit Kind zwischen S. Sebastiano und S. Maria Maddalena, ein Werk des Benvenuto di Giovanni, aus der senesischen Schule des 15. Jhdts., zu sehen ist.

Die Thermen

Das Thermalwasser von Saturnia, das kohlenstoff- und schwefelhaltig ist, hat eine Temperatur von 37,5° C und gilt als heilkräftig bei Erkrankungen der Haut, der Atemwege, des Kreislaufs und vieler anderer Krankheiten. Es hat auch besondere kosmetische Eigenschaften und wirkt wohltuend auf das körperlich-seelische Gleichgewicht.

Die Thermalanlage von Saturnia liegt nahe beim Ort und verfügt über Hotel, Restaurant

geklügelten Technik ineinander gefügt sind und in Gebieten wie den Albaner Bergen sich in ihrer Statik als erdbebensicher erwiesen haben.

Unterhalb und vor der Porta Romana verläuft die antike Via Clodia, eine wichtige Straße der Kaiserzeit, die Rom mit Saturnia und verschiedenen Gebieten Etruriens verband.

Diese Straße, die einmal paral-

und Thermen. Im Inneren wurde vor kürzlich ein Kurzentrum fertiggestellt.

Kurz hinter den Thermen, an der Straße nach Montemerano, liegt der Wasserfall von Gorello, ein Platz mit freiem Zugang, wo die Thermalwasser sich schäumend in eine Serie von Kaskaden ergießen, in der Nähe einer alten Mühle, einer eindrucksvollen landschaftlichen Umgebung.

Die Nekropole

Eine Nekropole der Villanova-Kultur, die aus Grabengräbern besteht (a fossa oder a pozzetto) befindet sich an der Nordseite des Ortes, im Gebiet von Sede di Carlo. Der Ort wurde zu Beginn des Jahrhunderts von einem selbsternannten Archäologen, Riccardo Mancinelli, auch "der Plünderer" genannt, entdeckt, der reiche Grabausstattungen fand, unter denen einige wertvolle bikonische Vasen auffielen, die die Asche der Toten enthielten. Diese, sowie einige Behälter für Gebeine oder Ossuari, seltenen Exemplare der Villanova-Kunst, sind heute im Museum von Florenz ausgestellt.

Die bekannteste und interessanteste Nekropole von Saturnia liegt im Gebiet von Pian di Palma. Folgt man den Schildern am rechten Ufer der Albegna, so erreicht man ein ausgedehntes Gebiet in freier

Archäologisches Gebiet von Pian di Palma: Etruskergrab

Die Tuffsteinstädte

Typisches Landschaftsbild

Natur, in dem zahlreiche Nekropolen der archaischen Periode, die sich mit der Endphase der Villanova-Kultur vermischt, ausgeschildert sind.

Die bedeutendste Nekropole ist die des Puntone, in der ein ganz besonderes, wahrscheinlich einzigartiges etruskisches Kammergrab zum Vorschein kam: Das Grabmal von nicht zu großen Ausmaßen besteht aus weißen, flachen Travertinplatten, die aufrecht stehen wie in den prähistorischen Dolmen und so eine Kammer und einen kurzen Eingangskorridor (Dromos) bilden. Die Anlage wurde durch weitere Platten vervollständigt, die wie bei einem Kartenhaus aneinander lehnten; das Ganze wurde schließlich mit Erde bedeckt, bis es die Form eines runden, eingegrabenen Erdhügels annahm.

Die Nekropole weist etwa fünfzig Gräber auf, meist Kammergräber der oben beschriebenen Art, aber es gibt auch Grabengräber, die wahrscheinlich aus einer früheren Epoche stammen.

Der Ort war vom 7. bis zum 5. Jhdt. v. Chr. in Gebrauch.

Im Gebiet von Costone degli Sterpeti, unterhalb von Saturnia in Richtung Norden, liegt das sogenannte Pellegrina-Grab aus dem 6. Jhdt. v. Chr. Es handelt sich hierbei um ein Kammergrab mit einem kurzen Dromos davor, das unterhalb des Travertingesteins an der Oberfläche geschaffen wurde, in einem Hypogäum, in dem die Verstorbenen auf umlaufenden Steinbänken deponiert wurden.

Diese Art von Grab, das nur teilweise den Gräbern in Cerveteri und Vetulonia ähnelt, ist das einzige Beispiel eines etruskischen Grabhügels, das in den Hügeln der Maremma zu finden ist.

Die Umgebung von Saturnia

Poggio Murella

Der wenige Kilometer von Saturnia entfernte Ort verfügt über ein seltenes, gut erhaltenes Castellum Aquarum aus der Römerzeit. Es handelt sich dabei um ein großes Gebäude, das im Opus Reticulatum erbaut ist, mit Decken aus weiten Tonnengewölben.

Dieses Wasserschloss diente wahrscheinlich dazu, die heißen Quellen aufzufangen, die dort entsprangen, wo sich heute die Thermenanlage von Saturnia befindet. Dieses Gebäude war also Teil eines umfangreichen Systems großer Wasseranlagen, was wiederum bestätigt, dass dieses Gebiet schon in der Antike für seine reichen und wertvollen Wasserressourcen bekannt war.

Außerdem befindet sich in dem kleinen Dorf Poggio Murella, hinter dem Wohnviertel, ein massiver zylindri-

Poggio Murella: Castellum Aquarum

Poggio Murella: Römischer Turm

scher Turm aus der römischen Kaiserzeit, der mit zweifarbigen Ziegeln in einer eleganten Dekoration im Opus Reticulatum geschmückt ist.

Dieses sehr umstrittene Monument könnte als Kriegerdenkmal für die Gefallenen aus dem Krieg mit Sulla, oder, was wahrscheinlicher ist, als Tempel erbaut worden sein, der einer der Wassergottheiten geweiht war.

MONTEMERANO

Montemerano ist das typischste mittelalterliche Städtchen des Albegnatals. In hoher, dominierender Position gelegen, hat der Ort einen wunderbaren Ausblick über die unterhalb liegende Ebene, bis nach Saturnia und zu den Bergen des Amiata und Labbro.

Die Altstadt von Montemerano ist, wenn auch klein, jedoch von besonderer Schönheit, was man in den engen Gässchen, die sich bis zum höchsten Punkt der Altstadt hochwinden, sowie auf den kleinen Plätzen und dem Schlossplatz sieht.

Der Weg durch die Altstadt beginnt bei den verschiedenen alten Stadttoren mit ihren ausladenden Gewölben, die den Zugang zu den einzelnen Plätzen des Städtchens freigeben, zum ältesten Teil des Ortes.

Hier ragt über Dächern der Häuser ein Turm aus dem 14. Jhdt., der mit einem kleinen Fenster geschmückt ist, in der Mitte von einer schlanken kleinen Säule geteilt.

Am Ortsrand ist teilweise noch die alte Stadtmauer zu sehen (15. Jhdt.), die von einer Reihe mächtiger zylindrischer Türme unterbrochen ist, von denen einige noch in gutem Zustand, andere teilweise verfallen sind.

Montemerano ist ein Ort, der wegen seiner sanften, erholsamen Hügellandschaft, wegen der renommierten Küche und seiner Nähe zu den Thermalquellen von Saturnia geschätzt wird.

Die Kirche von S. Giorgio

Betritt man den Ort durch das alte Nordtor, hebt sich auf der linken Seite

Montemerano

das langgestreckte Gebäude der Pfarrkirche von S. Giorgio ab, das an der alten Stadtmauer liegt.
Die Fassade zeigt sich in einem einfachen, schmucklosen romanischen Stil.
Das Gebäude geht auf die ersten Jahrhunderte nach der Jahrtausendwende zurück; es verfügt über Teile aus dem 14. und dem 15. Jhdt.
Der Innenraum besteht aus einem einzigen Schiff mit zwei Seitenkapellen an den Seiten des Altars.
Zahlreiche Fresken und wertvolle Gemälde der senesischen Schule schmücken das Innere der Kirche.
Über dem Eingangsportal befindet sich ein vollendeter

Chor aus Holz, der vollständig mit Renaissance-Motiven dekoriert ist: Löwen, Greife, Musikinstrumente und Blumenbanderolen. Oberhalb des Chores sieht man noch Spuren von Fresken des 15. Jhdts., die schon sehr zerstört sind; man findet sie ebenfalls an den

Montemerano Panorama

Kirche S. Giorgio

131

Die Tuffsteinstädte

Im Inneren der Kirche S. Giorgio

übrigen Wänden des Gebäudes.
Auf der rechten Seite befindet sich ein wertvolles Altarbild, das Maria umgeben von Engeln darstellt (1455), ein Werk des Vecchietta oder Lorenzo di Pietro. Von demselben Künstler stammt die Holzfigur von S. Peter neben dem Altar, ein Werk von lebhaftem künstlerischem Ausdruck.
Von besonderer Schönheit und kostbarer Machart ist die Madonna della Gattaiola (1450) eines anonymen Malers aus Montemerano, der wie man annimmt, aus der Schule des Sassetta stammt. Das Tafelbild zeigt meisterhaft eine graziöse Jungfrau Maria, in raffinierten Farbabstufungen gemalt, die vom lebhaften Orange bis zu verschiedenen Tönungen von dunklem Rot gehen und somit einen harmonischen Kontrast zwischen den hellen, warmen und dunklen und weniger glühenden Farben schaffen. Das Gemälde bezieht seinen Namen von dem Loch (Katzendurchschlupf), das sich unten an der Holztafel befindet und dort angebracht wurde, um einer Katze das Hinein- und Hinausschlüpfen zu ermöglichen. Dieses kostbare Gemälde diente tatsächlich einmal als Tür in einem Landhaus, aus dem es entfernt wurde, um es der notwendigen Behandlung eines Restaurators zu übergeben.

MANCIANO

Die Hügel von Manciano ziehen sich an der Nordseite des Fioratals entlang, während der Ort in der Mitte zwischen diesem Tal und dem Tal der Albegna liegt, des zweitgrößten Flusses der Gegend.
Wenn man über die S. S. 74 von Orbetello kommt, liegt Manciano an die hohen Hügel geklammert. Hier beginnt das Hügelland der Maremma mit seinen typischen Orten etruskischer Gründung und mittelalterlichen Stadtbilds.
Obwohl der Ort in letzter Zeit um viele moderne Gebäude erweitert wurde, ist in seiner Altstadt noch seine mittelalterliche Eigenart erhalten, die schon im Stadtplan zu erkennen ist. Die alten Gässchen winden sich spiralförmig hinauf zum höchsten Punkt des Ortes, bis sie unterhalb der Burgmauer zusammentreffen. Die Burg, die sich über dem

Typische Maremma-Landschaft

Manciano

unterhalb liegenden Ort erhebt, geht auf die Zeit der Aldobrandeschi zurück, wurde jedoch in der ersten Hälfte des 15. Jhdts. größtenteils von den Senesen restauriert.

Das Gebäude besteht aus einer großen rechteckigen Befestigungsanlage, die von den typischen Schlosszinnen gekrönt und von einem mächtigen Turm flankiert ist.

Der Aufbau ist der älteste Teil der Burg (1350), darauf befindet sich eine Aussichtsterrasse, die einen schönen Rundblick über die gesamte Maremma bietet, von den Hügeln bis zum Meer.

Das historische und prähistorische Museum des Fioratals.

Das Museum befindet sich am Schlossplatz, im selben Palast, in dem auch die Gemeinde ihren Sitz hat.

Die Ausstellung im Museum ist ausgestattet mit einer Serie von gut verständlichen und auf den neuesten Stand der prähistorischen Forschung gebrachten Erklärungstafeln.

Das Gebiet von Manciano ist ein bevorzugtes Gebiet der Forscher und Archäologen der Frühgeschichte. Hier wurden tatsächlich fünf Nekropolen der Jungsteinzeit (3000-2000 v. Chr.) ausgegraben, die mit der

Vorige Seite: Das eindrucksvolle Panorama von Manciano

Fundstücke aus der Villanovazeit, ausgestellt im historischen und prähistorischen Museum des Fioratals

Die Tuffsteinstädte

*Manciano:
Neben dem Turm aus dem Mittelalter sieht man die Porta Fiorella, den alten Nordeingang zur Burg*

Rinaldone-Kultur in Verbindung gebracht werden, einer kulturellen Fazies, die durch Völkerschaften gekennzeichnet war, die sich erstmals mit der Verarbeitung von Metallen beschäftigten.

Im Museum sind die Zähne eines Elephas Antiquus (eines Verwandten des Mammuts) zu sehen, die etwa 300.000 Jahre alt sind. Zahlreiche Fundstücke der Steinzeit, die aus Montauto kommen, bezeugen die Anwesenheit des Homo erectus in dieser Region schon vor 500.000 Jahren.

Aus der Frühen Bronzezeit hingegen stammen zwei wertvolle Äxte, die aus dem sog. "Ripostiglio" kommen, das in Montemerano entdeckt wurde.

Im Gebiet von Manciano wurde schon in der Antike nach Mineralien gegraben, vor allem in den örtlichen Vorkommen von Antimon und Kupfer. Von hier aus ging der Weg zu den nahen Zinnoberminen am Monte Amiata.

Porta Fiorella

Geht man über die Straße die zur Burg hinauf führt, findet man auf der linken Seite ein großes Eingangstor zur Altstadt: die Porta Fiorella, auch Porta Rosella genannt.

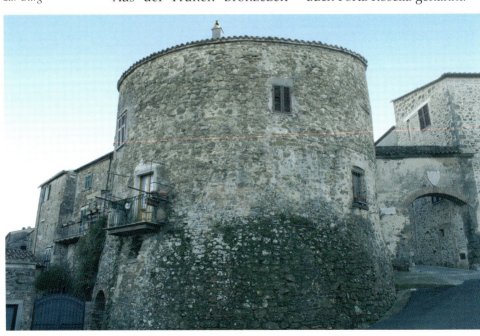

Neben dem weiten Bogen dieses Stadttores steht ein massiver zylindrischer Turm, der zur alten Stadtmauer aus dem XVI. Jahrhundert gehört.
Über dem Bogen dieses Stadttores sieht man einen aufrechten Löwen, das Symbol der Aldobrandeschi, auf einem schildförmigen Wappen. Durch das Tor gelangt man in die Altstadt mit ihren typischen engen und gewundenen Gassen, die zur hochgelegenen Burg führen.

Pietro Aldi und Paride Pascucci

Beide sind die berühmtesten Maler der Maremma und wurden in Manciano geboren.
Pietro Aldi (1852-1888) ist in Italien durch seine Fresken im Palazzo Pubblico von Siena berühmt geworden.
Sie wurden durch das Risorgimento inspiriert. Die Besonderheit der Werke von Aldi besteht in der Darstellung historischer Ereignisse, überwiegend der italienischen Geschichte. Durch seinen klaren und volkstümlichen Stil, mit Reichtum an Farben und lebendiger Atmosphäre, gelang es ihm, die bedeutenden Ereignisse der italienischen Vergangenheit überzeugend darzustellen. Zu seinen berühmtesten Werken zählen: der Canossagang Heinrichs IV. und die Berufung von Gregor VII. (beide im Dom von Pitigliano), der Ghino di Tacco (Rathaus in Manciano), die Verkündigung (Kirche der Heiligen Annunziata in Manciano) und das berühmte Treffen zwischen Vittorio Emanuele II. und Garibaldi in Teano. Andere Werke Aldis sind im Rathaus von Manciano und in der Galerie Pietro Aldi (Via Curtatone, in der Nähe der Burg) zu sehen.

Charakteristische Gasse in der Altstadt

Die Tuffsteinstädte

Manciano: Die senesische Zitadelle, heute Sitz der Gemeinde

Paride Pascucci (1866-1954) ist als einer der letzten, bedeutenden Macchiaioli bekannt. Typisch für seine Malerei ist die Landschaft der Maremma, die Darstellung von Armut und Volkstümlichkeit. Der Hintergrund seiner Werke ist die Dokumentation der sozialen Verhältnisse trotz einer gewissen romantischen Atmosphäre.

Von seinen Werken sind besonders bekannt: Karfreitag (Venerdì Santo), die Apostel, die soziale Schmach (Vergogne sociali).

Bilder von Pascucci befinden sich im Rathaus, in der Kirche St. Leonardo und in der Privatkollektion von Dr. Arturo Pascucci.

Die Burgen auf dem Gebiet von Manciano

Auf der Straße nach Farnese, kurz hinter der Brücke S. Pietro über den Fluss Fiora, entdeckt man auf der rechten Seite, verborgen von einem dichten Wald, die Ruine des Castellaccio Pelagone (Ortsteil Scarceta).

Es gibt nur noch Reste zweier Türme und der Mauer. Um 1216 gehörte die Burg den Aldobrandeschi, sie stammt aber wahrscheinlich aus einer früheren Epoche. Später wurde sie den Orsini übergeben und wurde wahrscheinlich in einem lokalen Konflikt mit Siena zerstört.

Wenn man der Straße von Manciano nach Vulci folgt, zweigt im Ortsteil La Campigliola ein Feldweg ab, der zum Castello Scerpena führt. Diese frühere Festung der Aldobrandeschi zerfiel nach einem Vergeltungsangriff der Republik Siena. Heute ist sie in Privatbesitz, restauriert und bewohnt. Von der ursprünglichen Anlage ist nur ein großer Turm übriggeblieben, umgeben von einer rechteckigen Konstruktion, mit Fenstern und Schießscharten dieser Epochen. Um die gesamte Anlage verläuft ein Mauergürtel, der größtenteils zerstört ist. Man kann jedoch trotz Rekonstruktion Reste seiner charakteristischen Architektur erkennen.

Wenn man weiterhin der Straße nach Vulci folgt, kurz nach der Campigliola, liegt links auf einem hohen Berg die Rocaccia di Montauto. Diese Burg war eine Grenzfestung und oft Mittelpunkt kriegerischer Auseinandersetzungen. Zunächst war sie Eigentum der Aldobrandeschi, dann gehörte sie zu Orvieto, und im XIV. Jahrhundert wurde sie den Baschi von Montemerano übergeben. Im folgenden Jahrhundert von der Republik Siena erobert, wurde sie kurz danach in einem Handstreich von korsischen Piraten besetzt, bevor sie in Besitz der Medici überging.

Der Platz dieser Burg beeindruckt durch seine Lage in der Natur und Landschaft. Man findet immer noch Reste der Türme, der Befestigungsmauer und der inneren Gebäude. Interessant ist trotz der Zerstörungen die Struktur der Burg wegen ihrer großen Dimension, die immer noch die ursprüngliche Architektur erkennen lässt.

Schließlich muss man noch die Burg von Stachilagi im Ortsteil La Marsiliana erwähnen. Auch sie wurde durch die gleichen historischen Ereignisse wie bei der Burg Montauto betroffen. Die Festung ist schwer zu erreichen, da sie von dichter Macchia umgeben ist. Erhalten sind noch die Reste von einigen Türmen und der Umgebungsmauer.

CASTELL'AZZARA

Der Ort Castell'Azzara (809 m ü. d. M.) liegt in der Nähe des Monte Civitella (1107 m), eine Erhebung, die zur Bergkette des Monte Amiata (1734 m) gehört. Das Dorf liegt auf einer natürlichen Bergterrasse, von der aus man einen weiten Panoramablick auf das darunter liegende Pagliatal und das Gebiet der Maremma genießt. Es befindet sich im Grenzbereich zwischen den Provinzen Grosseto, Siena und Viterbo.
Die natürliche waldreiche und bergige Umgebung macht seinen Reiz aus. In den Neunziger Jahren wurde die Riserva Naturale del Monte Penna (Naturschutzgebiet) eingerichtet, die verschiedenen geschützten Arten der Flora und Fauna, die vom Aussterben bedroht sind, Zuflucht gewährt.
Einzigartiges Kennzeichen dieser Gegend sind die zahlreichen Höhlen, Grotten und "Löcher", die in den Untergrund des Gebirges führen: Grotta del Sassocolato, Buca del Cornacchino, Buca dell'Inferno und viele andere.
In der Gemeinde Castell'Az-

Panorama von Castell'Azzara

Castell'Azzara

Die Windgrotte

zara, bei Selvena, finden wir die monumentalen Überreste eines Schlosses, das den Aldobrandeschi (XII. Jahrhundert) gehörte, die Festung Rocca Silvana, heute im Zustand der Restaurierung. Die Burganlage von beeindruckendem Ausmaß befindet sich in strategischer Lage zur Kontrolle und Verteidigung des darunter liegenden Fiora-Tales, des antiken Zugangs zum Hügelgebiet der Maremma.

In der Umgebung der Burg sind verschiedenen alte Bergminen gefunden worden. Das Gebiet war reich an Mineralien wie Antimon und Zinnober, die vielleicht schon zu Zeiten der Etrusker ausgebeutet wurden.

Unterhalb von Castell'Azzara in Richtung Cassia liegt eine bemerkenswerte Villa aus dem 18. Jahrhundert, La Sforzesca, die seinerzeit der Mailänder Familie Sforza gehörte.

Von bemerkenswertem geologischen Interesse sind die landschaftlich schön gelegenen Lehmhügel des Pagliatals, die übergangslos das für die Maremma charakteristische Tuffsteingebiet unterbrechen. Die "argille" breiten sich wellenförmig aus, sind kahl, haben wenig Vegetation und bieten Ausblicke von einzigartiger Schönheit.

Die Sforzesca

BIBLIOGRAPHIE

Sorano nella storia e nell'arte: G. Agostini, M. Lopes, Firenze 1971.
Sovana: R. Bianchi Bandinelli. Rinascimento del libro, Firenze 1929.
Saturnia: A. Cavoli, Tellini, 1987.
Le colline del Fiora: Becattini - Granchi, Pitigliano, 1984.
Museo Civico Archeologico, Pitigliano, 1995.
Sovana, ricerche e scavi nell'area urbana: (Redaktion) M. Michelucci, ed. Laurum, Pitigliano 1995.
Progetto Vitozza: Coop. Archeologia Firenze, Pitigliano 1985.
L'insediamento protostorico di Pitigliano: Aranguren, Pellegrini ed altri, Pitigliano 1985.
La media valle del Fiora, dalla preistoria alla romanizzazione: A. Maggiani, E. Pellegrini, Pitigliano 1985.
Dèi della terra: G. Feo, ECIG, GE 1991.
Il mistero delle vie cave etrusche: G. Feo, Stampa Alternativa, 1993.
Maremma, l'interno: G. Dennis, Nuova Immagine, 1988.
Gli Ebrei a Pitigliano: G. Celata, ed. Laurum, Pitigliano 1995.
Sorano, tombe etrusche a ipogeo: G. Maetzke, Notizie degli scavi di antichità, VIII, XI, 1957.
Itinerari Etruschi: V. Melani, F. Nicosia; ed. Tellini, Pistoia 1984.

INHALT

Vorwort	seite	3
Sovana	»	5
Das etruskische Sovana	»	25
Sorano	»	47
Die Umgebung von Sorano	»	65
Die Orte im Gemeindegebiet Sorano	»	69
Pitigliano	»	79
Sehenswürdigkeiten und schöne Plätze in der unmittelbaren Umgebung von Pitigliano	»	105
Die Umgebung von Pitigliano	»	114
Saturnia	»	123
Die Umgebung von Saturnia	»	129
Montemerano	»	130
Manciano	»	133
Castell'Azzara	»	140
Bibliografie	»	142

Die Tuffsteinstädte

Ausführung und Fertigstellung
durch die Druckerei
A.T.L.A.
Pitigliano
Februar 2007